Richard Finke

Auf Tuch- und Borstenfühlung

Tagebuch des „Keilers h. c."

Mit einem Geleitwort von Professor Heinz Sielmann

Fotonachweis

Ehepaar Dr. med. Schwindl:	*Huflattich, Buschwindröschen, Scharbockskraut, Sauerklee*
J. K. M. Wartha:	*Buschwindröschensterne*
Willy Hahn:	*Jutta und ihre Sieben vor der Eichendickung*
Ulrich Garling:	*An der Friedenskanzel, „Benjamin", „Mauseöhrchen" und „Benjamin", An unserer „Anrichte"*
Hans-Joachim Nolda:	*Rose, Gladiolen, Tagpfauenauge*
Bernhard Schäfer:	*Igel im Herbstlaub*
Wolfgang Fritz:	*sämtliche Hochwildaufnahmen, „Tapsi"*
Johannes Schießl:	*Unser Lieblingsplatz und Tapsi bei erlegtem Fasan*
Foto-Studio Zapfe:	*SHG-Präsident Klotz mit dem Gewaff seines „Beresowka"-Bassen*
Waltraud Klotz:	*Werner Klotz und Frischlinge*
Foto Polizei:	*Der Erste Polizeihauptkommissar Werner Franke mit seiner „Luise"*
Foto Polizei:	*Der Erste Polizeihauptkommissar Werner Franke im Gespräch mit einem Kind von Luise*
Hans-Joachim Finke:	*Junghasen*
Karin Finke:	*Fotomeister Wolfgang Fritz, Oberförster Karl Schulz*

2. Auflage 2002

Alle Rechte vorbehalten, auch die des auszugsweisen Nachdrucks und der Fotomechanischen Wiedergabe.

Gesamtherstellung und Verlag:	Druckerei Forstner GmbH, Nunzenrieder Straße 9, 92526 Oberviechtach, Telefon 09671/91630
Layout:	Hans Deyerl
Satz:	Franz Baumer
Lithos:	LITHO.*brillant*, Weiden
Lektorat:	Karin Finke
	ISBN 3-00-003614-8

Inhaltsverzeichnis

1959 Absichtslose Anfänge	17
1960 Brettbache und Karpfenbache	17
Die Futterringe	18
Ein Rehbockgreis	19
Erste Helfer und Besucher	19
Der standorttreue Keiler	20
Stören und Vergrämen	21
Nachhaltige Wirkung	22
„Store Ox"	23
Rätselhaftes Rehbockschicksal	23
Musikliebende Sauen	24
1961 Ein Hegeabschuß	24
Neubeginn – „Benjamin"	26
Freund Eichelhäher	30
Edelbesuch	33
Namen und Tierpersönlichkeiten	33
Jutta	35
Landregen	35
Erlösende Demonstration	37
Attila	39
Ein Brunfthirsch wundert sich	40
Selbstverschuldetes Mißgeschick	40
Treibjagdsorgen	40
Seelenfrieden	41
Irreparable Corneaverkrümmung	41
Reaktionen	42
Liebenswerte Racker	43
Es spukt	44
Sternenstunde	44
Keilerkampf	45
Der weiße Punkt	45
Der Glimmerbaum	45
Neue Sorgen – neue Treue	46
Langer erster Ferientag	46
Heiligabend neben der Handgranate	49
Glücklich zurückgefüttert	49
Altjahrsabschied	50
1962	50
Urvater	50
Stationen	55
Trauter Mitternachtsbesuch	55
Eher gehen?	57
Nebelirre	57
Immer weiter zurück	58
Feinnasige Verlorensucher	58
Brüderliche Hilfeleistung	60
Werner Franke und „Luise"	62
Ein Fürsprecher mehr: Dr. rer. nat. Lutz H. Dröscher	63
Borstenbärchen lauflahm	65
Stumme Verständigung	65
Jutta im Zwiespalt	66
Attila läßt sich streicheln	66
Bange Wochen	66
Attilas Trittsiegel	68
Frischzeit	70
Dreifels	70
Wachsame Mütter	72
Freuden am Wege – Messungen	74
Saubärte	74
Verdeckte Gerichte	74
Seltener Besuch	74
Trockenlaubbetten	75
Freudige Begrüßung	75
Unterschiedliche Reaktionen	75

Spätsommer	75
Der Odysseushirsch	76
Goldener Herbst	80
Rückkehr nach 40 Tagen	80
1963 Sibirischer Jahresbeginn	81
Eisglöckchen Schellgeläut	82
Tiefrührende Anteilnahme	82
Entsetzliche Katastrophe	82
„Treulich geführt"	83
Verunglückt	83
Frostige Frischzeit	83
Aber Karin war Herrin!	84
Frischlingsinvasion	84
Erkennungsmerkmale	84
Die Stammeltern und ihre Jüngsten	85
Alte Bekannte	85
Abgestürzt	85
Juttas Grabbesuch	85
Der beste Freund	87
Lymphadenose?	90
Attila läßt sich abermals streicheln!	90
Großtrauertag	91
Krasse Fehlabschüsse	93
Zwiegespräche	93
Sommernachtstraum	93
Des Nöcken Harfenschall	93
Abend und Morgen	93
Großversammlung	94
Getrennt betreuen	94
Wolli	94
Neue Versuche	94
Schmausi und Pfiffiküßchen	95
Ein Himbeerpflücker	95
Erfüllter Wunschtraum	96
Liebe macht blind	96
Rund um die Blockholzer Berge	96
Zweitfrischlinge 1963	96
Nasenküßchen	96
Der rote Blitz	96
Tröstende Mütter	98
Verständigung	99
Schlechte Laune oder Wächteramt?	99
Schreckliche Signalwirkung	101
Tapfere Vertretung	104
Spätherbst und Vorwinter	104
Hoher Besuch	104
Weihnachtszeit	106
Ein Zwerghauptschwein	106
1964 Mauricias Ende	106
Hamsterbäckchen	106
Der Rottenverband	109
Mitternächtliches Stelldichein	111
Nachwuchs	111
Schlimme Verwechslung	112
Feinfühliger Huckauf	114
Früh übt sich ...	116
Zwölfender an der Hochsitzleiter	117
Finderglück	117
Drei Kilometer Begleitung	118
Nachrichtendurchgabe	118
„Komm 'rum, Bär!"	118
Entlausungshilfe?	118
Betrug verstimmt	120
Lange Pause	121
1965	121
Ein Felsblock poltert bergauf	121
1966 Die Unterscheidung wird schwieriger	122
Stiller Ausklang	122
Rückblick	122
Ungeahnter Zufluchtsort?	123
1967 Wiedererkannt nach elf Monaten	123
Tapsi	126

MAX-PLANCK-INSTITUT FÜR
VERHALTENSPHYSIOLOGIE

SEEWIESEN und ERLING-ANDECHS

ABTEILUNG LORENZ
Seewiesen über Starnberg (Obb.)
Postanschrift: 8131 Seewiesen
Telefon: Feldafing (08157) 8121
Bahnstation: Starnberg (Obb.)

15.7.1963

Herrn Richard Finke
Studienrat
3522 Solbad Karlshafen
v.d.Klippen 4

Sehr verehrter Herr Finke,

ich bin über Ihren Brief und über die großartige Bildsendung ganz aufgeregt. Mir ist seit langem klar, daß das Familien- und Gesellschaftsleben der Schweine ungemein hoch entwickelt ist, vielleicht höher als bei den sozialen Hundeartigen. Ich weiß, daß zahme Wildschweine buchstäblich ganz treu wie Hunde sind. Ihre Rotte Schwarzwild, in der Sie sich selbst mit Ihrer kleinen Tochter völlig frei und als gerngesehenes Rotten-Mitglied bewegen, spricht Bände. Von mir und meinen Mitarbeitern hat einmal jemand gesagt, daß wir von unseren Wildgänsen gewissermaßen als Ehrengänse betrachtet werden, Sie sind gewissermaßen Keiler h.c. und dazu beglückwünsche ich Sie von ganzem Herzen und in allem Ernst. Was mich vor allem aufregt, ist die unglaubliche Möglichkeit zur genauen Beobachtung über lange Frist. Es würde unbedingt lohnen, Ihre Schwarzwild-Rotte zu wissenschaftlichen Dauerbeobachtungen zu verwerten, genau wie wir es hier mit den Graugänsen tun. Wäre es im Grunde möglich, einen guten jungen Tierpsychologen (den ich im Augenblick gar nicht zur Hand habe) zu Ihnen zu entsenden? Mit Betonung des außerordentlich hohen wissenschaftlichen Wertes Ihres zahmen Schwarzwildes ließe sich außerdem vielleicht jener Schutz erwirken, den Sie anstreben. Ich will auf jeden Fall mein Möglichstes tun, Sie hören bald wieder von mir. Die Bilder bitte ich, noch einige Zeit behalten zu dürfen, um sie noch weiter herumzuzeigen. - Eigentlich wären Sie selbst natürlich der Berufenste, Beobachtungen anzustellen und unsere heißen Wünsche nach Information über das Gesellschaftsleben der Sauen zu erfüllen. Ich würde Ihnen schrecklich gerne hier unsere Arbeit an den Wildgänsen vorführen, falls Sie einmal in unsere Gegend kommen.

Mit ergebensten Grüßen an Ihre verehrte Frau Gemahlin (hier wörtlich zu nehmen, denn eine Frau, die mit ihrer Tochter mitten in einer Rotte Sauen sitzt, verehre ich wirklich,)

Ihr sehr ergebener

Konrad Lorenz

(Prof. Dr. Konrad Lorenz)

H. Knigge
Forstmeister a. D.

3522 Karlshafen d. 12.Nov. 1963
am Hang 3

Herrn Studienrat Richard F i n k e

Karlshafen.

Hiermit bestätige ich, dass ich in den Jahren 1961 - 1963
in zwei verschiedenen Abteilungen des Staatlichen Forstamts Winnefeld,
Bz. Hildesheim, im Beisein von Herrn Studienrat Finke, eine durch
Herrn Finke in mühseliger Arbeit und Ausdauer an Fütterung gewöhnte
Rotte Sauen, mehrfach aus der Hand gefüttert habe. Dasselbe ist
geschehen in Gegenwart meines mit Wild und Wald von Jugend auf
vertrauten Neffen, Prof.Dr.med. Alf Meyer zum Gottesberge, Düsseldorf,
sowie durch meinen damals 10-jährigen Enkel Herbert Knigge, Hann.-
Münden .

Die Sauen leben in völlig freier Wildbahn des Forstamts
Winnefeld, ca 3500 ha gross, welches wiederum ein Teil des "Solling " -
Waldes bildet, in dessen Umfang von ca 30 000 ha das Wild völlig frei
herumwechselt .

Wesentlich erscheint mir, dass es bei dieser abendlichen Fütterung
nicht um die Gewöhnung einer einzelnen Bache mit Frischlingen handelt,
sondern dass Überläufer und mehrjährige Bachen mit ihren Frischlingen
die als Frischlinge gemachte Erfahrung auch nach dem Frischen wieder-
fortsetzten und sich aus der Hand füttern liessen . Noch mehr erstaunte
mich, dass ein jetzt etwa 5-6-jähriger Keiler, der zweifellos älter als
die Bachen war, ~~immer wieder~~ , auch nach mehrwöchiger Abwesenheit (Rauschzeit) sich immer wieder einfand und sich bis auf 4-5 m mir näherte, oft
von wenige Tage alten Frischlingen (und deren Mutter) begleitet.

Waidmannsheil!
H. Knigge

Herr Forstmeister Herbert Knigge
war Präsident der gesamten
Verwaltung des 120 000 Morgen
umfassenden Besitzes
des Herzogs von Talleyrand
der Herrschaft Sagan.

Alfred Steinhoff
Forstmeister

Winnefeld, den 23.XII.1963

Herr Studienrat Richard Finke aus Karlshafen hat seit dem Winter 1959/6o bis zum gegenwärtigen Zeitpunkt eine bestimmte Rotte Schwarzwild im hiesigen Forstamtsbezirk gefüttert. Mehrere dieser Stücke sind handzahm geworden, darunter eine jetzt 2 Jahre und 1o Monate alte Bache und drei Überläuferbachen. Sie zeigen sich jedoch nur in Herrn Finkes Gegenwart so vertraut.

Die hier erwähnten Sauen werden nicht in einem Gehege gehalten, sondern haben freien Stand und Wechsel im Bereich des Solling-Rotwildgatters, das sich über mehrere Forstamtsbezirke erstreckt.

Bei Kennzeichnung von drei bis fünf Stücken durch einen handtellergroßen Farbfleck auf dem Blatt in einem viertägigen Turnus sind sie in den Jagdwintern 1961/62 und 1962/63 nicht in Treiben vorgekommen.

Mein Sohn und meine Schwiegertochter haben am 12.VIII.1961 starke Frischlinge im Beisein des Herrn Finke und in meiner Gegenwart im Distr.26 aus der Hand gefüttert. Am 7.III.1963 und am 15.X.1963 habe ich mich persönlich in Distr.23, bzw.Distr.28 von der Fütterung und dem ausgenommenen Verhalten der Tiere, insbesondere von ihrer seltenen Vertrautheit gegenüber bestimmten Menschen überzeugt.

Steinhoff.

Herr Forstmeister Alfred Steinhoff wurde bald darauf zum Oberforstmeister ernannt.

Familie Richard Binke
in Bewunderung Ihrer
Erlebnisse mit dem
schwarzen Kittchen
Ihr Heinz Sielmann
November 1980

Bernhard Grzimek: Wildes Tier – weißer Mann

Von Tieren in Europa, Nordamerika und in der Sowjetunion

Bernhard Grzimek:
Wildes Tier – weißer Mann
Von Tieren in Europa,
Nordamerika und in der Sowjetunion

Herrn Richard Finke
herzlich
Bernhard Grzimek
Nov. 1984.

Deutscher
Taschenbuch
Verlag

Prof. DDr. BERNHARD GRZIMEK   D-6000 FRANKFURT (MAIN) 60
                                 Röderbergweg 168

FREUNDLICH ÜBERREICHT
WITH COMPLIMENTS OF

Grzimek

(PROF. DR., DR. H.C. BERNHARD GRZIMEK)
RÖDERBERGWEG 168
6000 FRANKFURT AM MAIN 60

Deutsche Presse Agentur
Postfach 2649

6000 Frankfurt/Main 1

15.05.1986

Sehr geehrte Damen und Herren,

Sie haben die Schwarzwildforschung von H.Meynhardt/Magdeburg, DDR, als einmalige Sensation dargestellt. So meldete z.B. die Nachrichtenredaktion der Süddeutschen Zeitung, Meynhardt sei "der einzige Wissenschaftler, dem bisher ein enger Kontakt mit freilebenden Wildschweinen gelang". Solche Studien sind aber keinesfalls neu. In der Bundesrepublik Deutschland ist Prof.Richard Finke, Oberviechtach, mit seiner Familie von 1959 bis 1966 im großen Solling mit Wildschweinfamilien völlig vertraut geworden und wurde von diesen gewissermaßen als Mitglied aufgenommen. Prof.Konrad Lorenz nannte Herrn Richard Finke schon 1963 einen "Keiler h.c.". Finkes Erlebnisse sind Prof.Lorenz und mir von Anfang an bekannt. Sie sind im TIER ausführlich veröffentlicht worden.

Mit freundlichen Grüßen

Grzimek

Bernhard Grzimek

Ceterum censeo
progeniem hominum
esse deminuendam

TELEFON (069) 44 90 41 · BANKKONTO: DEUTSCHE BANK AG., FRANKFURT/MAIN, NR. 26/2600, BLZ 500 700 10
POSTSCHECKKONTO: FRANKFURT 45208-604

Zum Geleit

Einführung in das Wildschweinbuch von Richard Finke

Wenn es mir vergönnt war, ein Leben lang in der Natur tätig zu sein, um die Verhaltensweisen der Tiere und die Probleme ihrer Umwelt in Unterrichtsfilmen, in Kino- und Fernsehfilmen zu zeigen, verdanke ich das weitgehend der Jagdpassion meines Vaters. Welches Glück für einen naturbegeisterten Jungen, mit dem Vater im eigenen wildreichen Revier in Ostpreußen auf die Pirsch zu gehen und mit dem Leben unserer Wildarten und den Aufgaben der Hege von Kleinauf vertraut zu werden. Eine weitere Fügung war es, daß ich drei Jahre lang im ersten Nachkriegsinstitut von Prof. Konrad Lorenz, im Wasserschlößchen in Buldern bei Münster, Tiere nach den neuen Erkenntnissen der Verhaltensforschung im Film präsentieren konnte.

Keine Wildart hat mich damals mehr beeindruckt als das Schwarzwild, das überaus gescheite und wehrhafte Großwild unserer Heimat.

Früh konnte ich erfahren, daß die Bache, die Wildschweinmutter, beim Beschützen ihrer Kleinkinder, der Frischlinge, ihr Gebiß gefährlich zum Einsatz bringt und daß der Keiler, das männliche Wildschwein, in die Enge getrieben, mit seinem „Gewaff", seinen Eckzähnen im Unter- und Oberkiefer, böse Wunden schlagen kann.

Für den Jäger sind Wildschweine eine verlockende, aber schwierige Aufgabe, dem Gebot folgend „für einen den Landschaften angepaßten Wildbestand zu sorgen".

Das Schwarzwild kann, vor allem wenn der Weizen reift, erheblichen Schaden anrichten, weniger durch das Äsen der Ähren als durch das Wühlen im Felde, wenn dort eine ganze Rotte, Bache, Überläufer und Frischlinge tätig sind.

In freier Wildbahn ist das Schwarzwild außerordentlich scheu, so daß es der Jäger vom Ansitz aus gewöhnlich nur in mondhellen Nächten mit Hilfe eines lichtstarken Zielfernrohres bejagen kann. Einfacher ist die Drückjagd im Winter. An den Fährten kann man vor allem bei Neuschnee herausfinden, in welcher Dickung die Rotte steckt.

In den fünfziger Jahren wußten wir noch nicht viel vom Privatleben freilebender Tiere. Angeregt durch die Aktivitäten der Verhaltensforscher, begann Richard Finke mit seiner Ehefrau Karin, in den Buchenwäldern des Sollings das Freilandverhalten der Wildschweine exemplarisch zu erforschen. Bei der großen Scheu des Wildes und seiner versteckten Lebensweise vorwiegend im Schutz der Nacht war das nur möglich, wenn es dem Ehepaar Finke erstmalig gelang, mit unendlicher Geduld eine Wildschweinrotte, Bache, Frischlinge und Überläufer, aber auch Keiler derart an menschliche Präsenz zu gewöhnen, daß diese schließlich als Rottenmitgliedschaft in unmittelbarer Nähe Tag und Nacht toleriert wurde.

Von 1959 bis 1966, sieben Jahre lang, hat sich Familie Finke mit ihrem tierliebenden, furchtlosen Töchterchen der Erforschung der Schwarzkittel gewidmet. Das Ergebnis ist eine Sensation. Fotodokumente und auch Skizzen und Gemälde, die bei den Forschungsarbeiten entstanden sind, dokumentieren den langen, mühevollen Weg, den Kontakt zu dem scheuen und nicht ungefährlichen Wild zu erlangen. Jahrelang berichtete Richard Finke in der Internationalen Illustrierten für Tier, Mensch und Natur, „Das Tier", und in führenden Jagd- und Naturzeitschriften über die sensationellen Entdeckungen, die er damals vom Sozialverhalten innerhalb der Rotten, von Keilerkämpfen in der Rauschzeit, vom Bau der Kinderstube, von Geburt und Tagesrhytmus erleben konnte. Kein geringerer als Professor Konrad Lorenz, der Nestor der Verhaltensforschung, war von den Ergebnissen der Forschungsarbeiten von Richard Finke derart begeistert, daß er ihn in seinem Brief vom 15.7.1963 zum „Keiler h.c." erklärte.

Wenn man sieben Jahre seines Lebens den Wildschweinen widmet und es fertigbringt, sich zeitweilig mit 24 Tierpersönlichkeiten dieser Wildart anzufreunden, dann hat man viel zu erzählen. Freuen wir uns, daß Richard Finke nun in seinem 90. Lebensjahr über seine große Liebe, über seine Abenteuer und Forschungsergebnisse ein Buch geschrieben hat. Mir war es vergönnt, bereits das Manuskript zu lesen, das mich tief beeindruckt hat. Es ist ein Buch, von dem ich mir wünsche, daß es von möglichst vielen Menschen gelesen wird, besonders auch von jungen Menschen, den Naturschützern von morgen, auf die es ankommt, daß unsere immer noch artenreiche Tierwelt und selbst das urige Schwarzwild unseren Heimatlandschaften erhalten bleibt.

Prof. Heinz Sielmann

Vorwort

Unser Vorspruch kann nur eine allumfassende Danksagung sein. Dank dem Allerhöchsten, der uns dieses ungeahnte paradiesische Erleben geschenkt hat – für uns auch ein Gotteserlebnis. Dank all den Persönlichkeiten, seinen Werkzeugen, die es ermöglichten, förderten und weiterverbreiteten, den Lebenden und den inzwischen Verewigten.

Dank Herrn Verleger Bernhard Schäfer/Karlshafen, der mich einst als Erster beraten und die Anregung zu diesem Buche gegeben hat. Dank dem verständnisvollen Leiter des Niedersächsischen Forstamts Winnefeld, Herrn Oberforstmeister Alfred Steinhoff, für die gütige Reviererlaubnis, Herrn Herzogl. Präsident Oberforstmeister Herbert Knigge für seine stete warmherzige Fürsprache, Dank Herrn Forstamtmann Karl Schulz als dem leitenden Revierbeamten und seinem Nachbarkollegen Herrn Forstamtmann Otto Meier für ihre Hilfe und Unterstützung.

Dank den Herren Forstamtmann Hugo-Hermann Schmelz und Fritz Wallbach vom Hessischen Forstamt Karlshafen für den Initialzünder „Schulsammlung" und – später – den Rat, nur den besten Lichtbildner ins Vertrauen zu ziehen. Dank meinem künstlerischen Freunde Fotomeister Wolfgang Fritz, der mich zu jeder Tages- und Nachtzeit, bei Wind und Wetter begleitet und die gestochen scharfen Dokumentaraufnahmen geschaffen hat.

Dank den Herren Studiendirektor Willy Hahn und Ulrich Garling für die allerersten Wildaufnahmen, Herrn Verleger Bernhard Schäfer für das Foto „Igel im Herbstlaub", dem Ehepaar Dr. med. Schwindl für die Bereicherung durch die Frühblüher, Herrn J. K. M. Wartha für die „Buschwindröschensterne" und Herrn Pfarrer H. J. Nolda für die „Sommerliche Gartenpracht" und das „Tagpfauenauge".

Dank dem Nestor der Verhaltensforschung und Nobelpreisträger Herrn Professor Dr. Dr. Konrad Lorenz für die ‚Ernennung' zum „Keiler h.c." und dem Tierforscher und Chefredakteur der Internationalen Illustrierten „DAS TIER", Herrn Professor Dr. Dr. h.c. Bernhard Grzimek, für seine herzliche Buchwidmung.

Beide begnadeten Praktiker haben uns von Anfang an bestärkt, beraten und unsere Arbeit auf den Weg gebracht. Dank Herrn Professor Dr. h.c. Heinz Sielmann für seine liebenswürdige Buchzueignung, die hohe Anerkennung des letzten Lebenden der großen Drei für die ganze Familie, und für sein gütiges, gewichtiges Geleitwort zu diesem Buch. Dank Herrn Oberforstmeister Günther Raschke für viel fruchtbaren Gedankenaustausch und seine Buchwidmung.

Dank den Herren Chefredakteuren Gerd v. Lettow-Vorbeck und Robert Dietz von „Wild und Hund", Herrn Chefredakteur Walter Helemann von der „Pirsch", Herrn Chefredakteur Peter K. Pernutz von der „Deutschen Jagdzeitung" und all den anderen aufgeschlossenen Herren Redakteuren und Chefredakteuren, die über Jahrzehnte meine Beiträge und ihre Berichte über unsere Tätigkeit veröffentlicht haben.

Dank Frau Rechtsanwältin Christine König/Oberviechtach, Herrn Professor Dr. med. Gerhard Heinrich/Gräfelfing und Herrn General Ingo Günther/ Hannover, die in der Süddeutschen Zeitung unser Primat an der Grundlagenforschung am Schwarzwild gegenüber einer 15 Jahre späteren Nachahmung unwiderleglich dokumentiert haben, und Dank dem Ersten Polizei-Hauptkommissar Herrn Werner Franke, der mit seinem Buch „Luise – Karriere einer Wildsau" sowie in seinen Vorträgen und Interviews unsere Pionierarbeit immer mit Nachdruck herausgestellt hat. Dank Herrn Universitätsprofessor Dr. Dr. h.c. Bernhard Grzimek für sein endgültiges Machtwort an die dpa vom 15.05.1986.

1980 gestaltete der langjährige Bundesvorsitzende unseres Schlesischen Heimatbundes, mein Jugendfreund Herr Dipl.-Ing. Architekt Stadtbaurat em. Erwin Groke/Lüneburg, anläßlich der Feierlichkeiten zum 1000jährigen Jubiläum der Stadt Glogau mit der ihm eigenen genialen Initiative unsere erste große Dokumentartafel- und Gemäldeausstellung im „Haus Glogau" der Patenstadt Hannover, mit dem Schwarzwildexperten und „Pappelpionier" Buchautor Herrn Oberforstmeister Günther Raschke als Redner, 1981 die gleiche in der Niedersächsischen Landesbibliothek. Ihm schlossen sich 1984 mit der Schirmherrschaft des Herrn Bayerischen Innenministers Dr. Karl Hillermeier die Leiter des Deutschen Jagd- und Fischereimuseums/München, Herr Museumsdirektor Horst Popp und Herr Museumsdirektor Berndt E. Ergert, gleichzeitig Leiter des Museums „Jagd und Wild" auf Burg Falkenstein 1985, mit großen, immer mehrwöchigen Ausstellungen unserer verhaltenskundlichen Arbeiten an. 1986 richtete der engagierte Vorkämpfer des ritterlichen Schwarzwildes und Gründerpräsident der SHG Egge/Ost, Herr Werner Klotz, im „Haus des Gastes" in Bad Driburg unter der Schirmherrschaft Sr. Erlaucht des Grafen Caspar von Oeynhausen-Sierstorpff die Dokumentar- und Gemäldeausstellung mit Symposium aus. Sensation der Eröffnungsfeier mit Ansprache S.E. des Grafen: das im Fernsehen und in den Medien um den Erdball gegangene Zweigespann Erster Polizei-Hauptkommissar Werner

Franke mit seiner nie versagenden Spürbache Luise, die sich um die Menschenansammlung nicht kümmerte, vielleicht sogar das „Bad in der Menge" genoß und eindrucksvoll und mit gesitteten Manieren für ihre wilden Artgenossen warb. Bei ihrem Erscheinen mußte Karin mit den Tränen kämpfen, während ich zum ersten- und letztenmal nach einer Pause von 19 Jahren einem leibhaftigen Wildschwein, der prächtigen Luise, als Vertreterin meines Lieblingswildes den schwarzbraunen Borstenpelz streicheln durfte.

Die Herren Autoren W. Franke und W. Klotz widmeten in ihren Büchern 1987, 1989 und 1991 unserer Grundlagenforschung seitenlang herzliche Anerkennung. 1988 gestaltete Herr Stadtbaurat Dipl.-Ing. Erwin Groke mit seiner Gattin im Rahmen des 27. Bayerischen Nordgautages in Oberviechtach unsere letzte große Ausstellung unter der Schirmherrschaft meines unermüdlich wirkenden Freundes Landrat em. Bezirksrat Josef Spichtinger. Am 17.11.1988 strahlte der Sender „FREIES BERLIN" das von Frau Dagmar Wahnschaffe bei uns aufgenommene Interview aus: „Ein paradiesisches Verhältnis zwischen Mensch und Tier / Ein Mann schließt Freundschaft mit Wildschweinen". Völlig überraschend brachte im „ZEIT-Magazin" Nr. 38 vom 11.09.1992 der bekannte Zoologe von Geburt und Tradition, Herr Dr. rer. nat. Lutz H. Dröscher, die netto 30 Jahre zurückliegende 'Rettungstat' unserer drei Getreuesten ausführlich in Erinnerung – Beweis, daß sie in der einschlägigen Wissenschaft noch immer lebendig ist. Im „Mannheimer Morgen" Nr. 285/1994, S. 3 und in „Das Goldene Blatt" Nr. 18 vom 27.04.1994 schilderte er im Rahmen seiner reichhaltigen Bildberichtsfolge die Hilfeleistung der klugen Tiere noch einmal und verlieh ihnen den liebe- und respektvollen Ehrentitel „Delphine des Waldes".

Ihm und allen Gleichgesinnten, Freunden und Fürsprechern nochmals herzlichen Dank.

Großen Dank zuletzt dem geschäftsführenden Leiter der Druckerei Forstner GmbH, Herrn Verlagsdirektor Hans Deyerl und seinem Team, der mit Genialität und Herz diesem Buch Gestalt gegeben hat, und herzlichen Dank seinem engsten Mitarbeiter dabei, Herrn Setzermeister Franz Baumer, der mit Engelsgeduld und liebevoller Gewissenhaftigkeit unsere ungezählten nachträglichen Textverfeinerungen ausführte.

Karin Finke   Richard Finke

Erklärungen der Fach- und Jägersprache

Aalstrich	schwarzer Längsstreifen auf dem Rücken
Abteilung	numerierter Bezirk im Forst, früher „Jagen" genannt
Aegidi	1. September, „tritt der Hirsch in die Brunft", er sucht ein Rudel Kahlwild, Mutterwild, auf, zur Paarung
Alttier	Hirschkuh
aufbrechen	ausweiden
aufwerfen	das Haupt erheben
Beresowka-Basse	Das Wildbret des mit Kammerschuß nach 14 Tagen Dauerfrost um minus 20 Grad im vereisten Bruchgraben stehend eingekeilt aufgefundenen „tiefgefrorenen" Hauptschweines war noch genußtauglich wie das des im Ufereis der Beresowka „konservierten" Mammuts, von dem die Hunde noch gefressen haben sollen
Bett	Lagerstatt der Cerviden
betten	mit den Vorderbeinen die Lagerstatt zubereiten
Blattzeit	Rehhochzeit, der kundige Waidmann kann auf einem Laubblatt, meist Buche, den Lockruf des weiblichen Rehes nachahmen
Blöße	lichte Stelle ohne Busch und Baum, Lichtung
Büchsenschuß	Kugelschuß: klingt „peitschender" als Schrotschuß
Brunft	Hochzeit der Cerviden, von ahd. bremman brummen, nicht von brennen Brunst!!!
Cornea	Augenhornhaut
durchdrücken	Versuch, behutsam rege zu machen, herauszutreiben
einlaufen	frühmorgens in den Wald, den Tageseinstand, zurückkehren – das Gegenteil ist: auslaufen, abends, zum Äsen
Gatter	Schutzzaun um Jungwald gegen Wildverbiß
Gebrech	Maul des Schwarzwildes, Gebräch mit ä ist die Stelle, die vom Gebrech umgebrochen wird, Grasnarbe, Kartoffel- oder Maisacker, Wiese
Gestell	unbefahrener Grasweg im Walde, „Jagenlinie", Abteilungslinie
Gewaff	Hauer und Haderer des Keilers. Hauer aus dem Unterkiefer, daran wetzend: Haderer aus dem Oberkiefer
Gewehre	die Hauer, länger als die Haderer
Haderer	krumme, männerdaumendicke, gerillte Zähne, aus dem Oberkiefer wachsend
Haupthirsch	Kronenhirsch ab 12 Jahren
Hauptschwein	Keiler ab 6 Jahren, „Basse"
„Hosenflicker"	scherzhaft für Überläuferkeiler von 1 bis 2 Jahren
Kessel	Lager der Schwarzwildfamilie bzw. der Familien, der Rotte!
Kolbenhirsch	im Geweihaufbau vom Abwerfen (Februar/März) bis zum Fegen (Juli/August)
Krone	oberste Verästelung des Rothirschgeweihes; 3 Enden: Kronenzehner oder Eissprossenzwölfer; 4 Enden: z. B. Vierzehnender usw.
Kronenformen	Becherkrone, Handkrone, Stiefelknechtkrone (doppelte Gabelung)
lancieren	das aufgespürte Wild jagdverständig zu dem vorstehenden Schützen lenken
Laut geben	bellen
Luch	Sumpf
Luser	Ohr
Panzerschwein	durch Suhlen, Schlamm-Erde, tonhaltigen Boden, Lehm und vor allem als Bindemittel Harz vom Scheuern am „Malbaum" bildet sich auf der Flanke des Schwarzwildes, besonders alter Keiler (auch Basse genannt), eine panzerartige Schicht, die manchem Hauptschwein vor dem alten Bleigeschoß das Leben rettete. Die modernen Hochrasanzgeschosse durchschlagen den „Panzer"
Platzhahn	analog Platzhirsch: die den Platz behaupten
Püitzen	schriller Pfiff der balzenden Waldschnepfe
Quempas	alter vierstrophiger Christnacht-Wechselgesang von Chor, Solostimmen, Gemeinde und allen zusammen nach dem Lateinischen Quem pastores laudaverunt, deutsch: den die Hirten lobten (sehre) oder: Kommt und laßt uns Christum ehren, oder: Jauchzet, Völker, Gott zu Ehren
Quorren	„Murkerich" – der Schnepfenhahn (bei Löns!), quorrt
Ramsnase	gebogener Nasenrücken bei Wildschaf, seltener bei Rotwild
Rose	die kranzartige Basis der Gehörn- und Geweihstange
Rotkahlwild	Hirsch-Mutterwild, kahl weil es kein Geweih trägt
Sau, Sauen	Sammelname für Schwarzwild
Schalen	Hufe
Schmalreh	Rehfräulein
Schmaltier	Hirschfräulein
Schnecke	Hörner des männlichen Mufflons, des Widders
Sprengruf	kurz und dröhnend ausgestoßene Rufkette beim Hochzeitstreiben des Hirsches und Vertreiben der Rivalen durch den „Platzhirsch"
Stangenort	Stangenholz: mittelalter Wald
Stecher	Schnabel der Schnepfenvögel
Teller	Ohr des Wildschweines
Treiben	wilder „Hochzeitsreigen"
Überläufer	Wildschwein von 1 bis 2 Jahren
Wamme	Kehlsack
Waldigel	Maschine zum Aufreißen des Waldbodens
Wildbret	nicht nur Wildbraten, sondern auch Körperbau
Wilde Jagd	der germanische Gott Wotan, Wode, jagt in den Heiligen Zwölf Nächten mit seinem Gefolge in den Lüften
Wolfssproß	regelwidriges, überzähliges Ende am Geweih. Die Regel ist: Augsproß, (Eissproß, nicht immer), Mittelsproß, Gabel oder Krone. Zwischen Mittelsproß und Krone: der Wolfssproß
Wurf	Wurfscheibe, Rüsselscheibe, Nase, Vorderteil des Gebrechs
zurücksetzen	weniger Enden schieben

1959
Absichtslose Anfänge

Es war einer meiner schönsten Kindheitsträume: Winternacht – Schneesturm – aus tief verschneitem Eichenwald stürzen schwarze Sauen hervor und pflügen durch den hohen Schnee... Wie der Altmeister der klassischen Jagdmalerei Professor Christian Kröner (1838 - 1911) es so zauberhaft dargestellt hat. Vierzig Jahre später sollte der frühe Wunschtraum märchenhafte Wirklichkeit werden...

Die sechs zählbaren Rippen auf jeder Flanke eines riesenhaften Alttieres, das nach dem Dürresommer und Hungerherbst 1959 regelmäßig mit seinem Kalbe aus einem finstern Fichtenstangenort auf eine schmale, saure Waldwiese zur Äsung austrat, waren Anlaß, den ersten Doppelzentner Speisekartoffeln rucksackweise in den Wald zu tragen und längs des Fichtenmantels zu verteilen.

Bald kamen die Sauen dahinter, die auf der Wiese nach Untermast gebrochen hatten. Um sie abzulenken, nahm ich nun Brotreste und frische Obst- und Gemüseabfälle mit und warf sie in den jenseits der Waldstraße gelegenen Lieblingseinstand der Rotten, eine 2,8 Hektar große Eichendickung, die der Oberförster seinen Saustall nannte, weil es darin mit Quieken und Klagen, Grunzen, Brummen und Aufbrüllen oftmals wie in einem Schweinestall zuging. So oft ich aber in der Folgezeit einen langen Hals über das Gatter machte, lag alles noch unberührt. Endlich, am dritten Sonnabend, war reiner Tisch.

Auch zu Hause herrschte große Freude darüber, und nun hieß es erst recht: Weitermachen!

Beim nächsten Waldgang sah ich schon von der Straße aus, daß zwischen Eichendickung und Buchenbestand eine Kanzel errichtet war, die wir später die Friedenskanzel nannten, da sie ausschließlich der Beobachtung, dem Ansprechen und der Zählung des Wildes diente. Ein stabiler Bau, offen und geräumig, auf je einer Bank an der Ost- und Südseite hatten bequem zwei erwachsene Personen Platz.

Der erste Frühansitz auf ihr bescherte mir den Anblick eines gemächlich vorüberhoppelnden Waldhasen; auf dem Heimweg sah ich zu meiner freudigen Überraschung eine erdfarbene Sau über die vordere Blöße der Dickung trollen.

Der 1. Advent war schneefrei und mild. Bei der Vorbereitung der Kaffeestunde für unsere Freunde von der Grünen Farbe, mit Kerzen, Tannenreisern und all dem lieben Vorweihnachtszauber, konnte die Mutti uns nicht brauchen und schickte Vati und Töchterchen in den Wald. Die strahlende Sonne lockte tiefer in die Ferriesgrund als gewollt – hier ein Federchen, da ein besonders schöner Tannenzapfen – und so sahen wir uns schließlich in dem hohen Waldesdom, der bei uns Poseidons Fichtenhain hieß – beim Oberförster, weniger „Schillernd", nach der Revierkarte Abteilung 36. Als die letzten hohen Säulen des ehrwürdigen Raumes sich zum hellen Buchenbestand lichteten, äugte uns ein starker Muffelwidder an. Sein mächtiges Schneckenpaar täuschte ein breitbemähntes Haupt vor. „Wie'n Löwe", sagte das Edithlein treffend. Aber da floh der Satyr, der Faun, der heimliche Waldgeist mit den typischen Bocksprüngen, uns den Spiegel weisend, und nun erst, in seiner Fluchtrichtung, bemerkten wir den Hochsitz, der von da ab den Namen hatte: der Widderhochsitz.

Mit unseren Kaffeegästen wurde beschlossen, eine Schulsammlung für das darbende Wild ins Leben zu rufen.

Fortan stand ich allmorgendlich an der Schulhoftür bei den Sammelsäcken und leuchtete jede Spende an. Oft waren sogar ganze Kartoffeln und Äpfel darunter. Herr Oberförster Schulz holte die vollen Säcke wöchentlich zweimal ab und leerte sie auf der von der Kanzel aus gut einsehbaren Blöße der Dickung.

1960
Brettbache und Karpfenbache

Im ersten Frühlicht des 10. Januar bei tiefem Schnee und Frost, der unter den Stiefelsohlen sang und aus den Buchenstämmen Böllerschüsse löste, lief eine starke Rotte unter lautem Frischlingsquieken in den Nordwestteil der Eichendickung ein; eine Bache mit 12 Frischlingen.

Nachmittags setzte ich Frau und Töchterchen auf der Kanzel an und drückte ihnen die Dickung durch. Es war ein beschwerliches Vorwärtskommen. Das Altlaub hatte dicke Hermelinpelze angezogen und schüttete mir Lawinen von Pulverschnee in den Nacken; denn leider hatte ich nicht an einen Sack zum Überstülpen gedacht. Alle Augenblicke versank ich in den schneeverwehten Gebrächlöchern. Endlich näherte ich mich, zerschrammt und dornenzerkratzt, dem Ende der Dickung – und stand auf zehn Gänge der schwarzbraunen, sichernden Bache gegenüber! Die Frischlinge huschten an mir vorbei. Ich kam an den schön mit Farnkraut ausgepolsterten, noch dampfenden Kessel. Nun tat es mir fast leid, die liebe Gesellschaft in ihrer Sonntagsruhe gestört zu haben. Als ich aus der Dickung kroch, sah ich Karin mit dem Kinde unter der Kanzel stehen und zur Erwärmung Freiübungen machen. Immerhin hatten sie einen größeren und drei kleinere Schatten über eine Lichtung wischen sehen.

Am Abend des 19. Februar treckten meine Helfer und ich zwei Zentnersäcke Kartoffeln mit dem Rodelschlitten zum Saustall. Auf halber Strecke überholte uns der junge, aufgeschlossene Revierförster Schröder. „Waidmannsheil und Waidmannsdank, wohin des Wegs, woher die Fahrt – Sie wollen nach 26? Da wollte ich gerade hin. Aber nein, fahren Sie nur, ich kann mich auch anderswo ansetzen. Ist das Ihre Brigade? Alle Hochachtung! Habt Ihr schon mal Wild gesehen? Hoffentlich erlebt Ihr mal was Schönes, ich wünsche es Euch.

Ich bin da neulich mal in der Dickung umhergekrochen; in der Nordecke liegt ein schwacher Frischling verendet, ja, leider. Den müssen wir begraben, wenn der Frost aus dem Boden ist".[1]

An Ort und Stelle angelangt, wuchtete ich die Säcke durch das Loch im Gatter und schüttete weitläufig aus. Kaum hatte ich meine Trabanten auf der Kanzel verfrachtet, fiel in die Winterabendstille hell ein Kugelschuß. Wir warteten vorsichtshalber fünf Minuten, dann kündigte ich dem Schützen unser Kommen durch Pfeifen an und sah von der Ecke der Dickung aus, daß er an der Waldstraße einen Frischling zur Strecke legte. Wir gratulierten ihm, die Jungen bewunderten seinen funkelnagelneuen Fernrohrdrilling, und Heinrich Garth hätte sich gern einen Saubart gerupft; aber die gute Winterschwarte ließ noch keine Borste los. Ich freute mich für die Kinder über das unerwartete Jagderlebnis und den so freundlichen Revierbeamten. Er berichtete von einer Bache mit sechs Frischlingen, deren letztem, dem schwächsten, er auf 90 Meter in den lückigen Stangenort hinein die Kugel angetragen habe – kein ganz leichter Schuß.

Die Futterringe

Am nächsten Abend setzte ich mich an. Es war nicht kalt, der Wald voller Klang der Abendglocken, die in den Dörfern ringsum und in der Stadt im Tale den Sonntag einläuteten. Diesmal hatte der Oberförster Eicheln und Mais 30 Schritt östlich der Kanzel in einem Ring von zehn Metern Durchmesser in den raumen Buchenhochwald geschüttet und 40 Gänge weiter nördlich einen kleineren Kreis. Nach wenigen Minuten ein leises Rascheln in der winterbraunen Dickung, und bei bestem Ansprechlicht tauchten sie auf, zwölf Stück.

Wie würden sie sich bei meiner noch warmen Spur verhalten? Aber einmal im Ansturm setzten alle ohne erkennbaren Hemmungen darüber hinweg: Nur schnell zum Futter! Mit aufgerichteten Tellern, windnehmend erhobenem Wurf und peitschendem Pürzel umkreiste die Bache im Troll ihre Kinderschar wie ein pflichttreuer Schäferhund die Herde, stieß in alle Richtungen vor und gönnte sich selbst keinen Strunk! Da sie von hinten gesehen schmal wie ein Brett war, nannten wir sie in der Folge die Brettbache. Die erdfarbenen Wutze igelten sich in dem großen Futterring ein und schmausten. Als die Prüfung der Luft wohl doch einmal zu meinen Ungunsten ausfiel, grollte die Bache auf, und die ganze Gesellschaft stürmte in die Dickung. Welches Verantwortungsgefühl der aufopfernden Mutter und welch augenblicklicher Gehorsam der braven, gemischten Kinderschar! Denn daß nicht alle elf ihre eigenen Kinder waren, durfte seit der Beobachtung des Revierförsters Schröder klar sein. Endgültigen Aufschluß über die Anzahl unserer Kostgänger brachte erst der 12. März.

Es lag noch immer Schnee. Genau eine Stunde nach Sonnenuntergang traf die Brettbache mit ihren elf Schutzbefohlenen ein. Bald wurden sie unruhig. Vier Frischlinge, stärker als die uns bekannten, lauerten weiter oben zwischen Dickung und Altholz, trauten sich aber nicht näher. Plötzlich ein tiefes, böses „Wuff", verstörte Fluchten meiner geladenen Gäste – und dann schmatzte dort, wo soeben die Brettbache ihren Schützlingen das Abendbrot gehütet hatte, ein Kasten von Bache mit den vier starken Frischlingen! Ich schraubte am Glase: Wenn der erdfarbene „Karpfen" von Bache nahe der Kanzel vorbeizog, füllte er das ganze Blickfeld des Zehnfachen aus! Spät, als der Vollmond schon hoch stand, stahlen sich in der Dickung zwei Überläufer heran. Ich hatte immer gezählt: 1 plus 11 und 1 plus 4 plus 2 – ja da war doch links ein Stück zuviel?! Mißtrauisch, mit schräg gehaltenem Haupt, sich am Gatter herumdrückend, peinlichst den Wurf gegen den Wind, jeden Busch- und Baumschatten ausnutzend, ständig verhoffend und sichernd! In einem unbewachten Augenblick, lautlos wie ein Geist, war „es" auf einmal draußen: ein Keiler!

Die Bachen mit ihrem Anhang waren in den Widdergrund gezogen. Der Keiler suchte allein noch nach verlassenen Futterresten. Silhouettenhaft gegen die bläulich schimmernde Schneefläche, den Borstenpelz silbern umsäumt vom Lichte des Vollmonds, der hinter dem im leisen Nachtwind schwankenden Wipfelfiligran stand, konnte ich ihn gut und lange ansprechen. Für einen „Hosenflicker" kamen mir seine Konturen zu kantig vor; einem Zweijährigen wären die führenden Mütter wohl auch kaum ausgewichen. Deutlich sein Pinsel. Beachtlich wulstig sein Gebrech. Sein breiter Pürzel mit der langen Quaste hing bis an die Sprunggelenke. Dem ganzen Eindruck nach schien er mir älter, erfahrener, vorsichtiger. Zwei- oder dreijährig, war so schon von der ersten Begegnung an die Frage. Als endlich in der elften Stunde auch er das Feld geräumt hatte, hielten allein noch die beiden schüchternen Überläufer auf dem Verbindungswechsel zwischen dem großen und dem kleinen Futterring Nachlese.

Vom 31. März an fand sich der Keiler fast jeden zweiten Abend an dem für ihn beschickten Futterplatz ein, bei Schönwetter schwarzbraun, nach Scheuern am Malbaum algengrün, nach Regen blauschwarz glänzend.

Minutenlang dunkelte sein Haupt durch das silberbraune Gesträuch, immer in derselben Ecke des Gatters, immer mißtrauisch lauernd, bevor er es wagte auszutreten.

---

[1] Herr Kollege Dr. Eder half mir bei offenem Wetter, ihn zu begraben. Edith sah mit traurigen Augen zu und malte nachdenklich mit dem Zeigefingerlein in der Luft die von Mäusen benagte Rüsselscheibe des armen Nachzüglerquickserchens.

Ein Rehbockgreis

9. April, Wochenende, Abend. In der Dickung sproß das erste Grün und an der hinteren Blöße hatte sich der feuchte Boden mit den lieblichen Buschwindröschen besternt. Der buhlende Ringeltauber schwieg, die letzte Jubelstrophe der Singdrossel war verhallt, Rotkehlchens perlendes Silberlied leise verklungen. Da trat auf dem oberen Wechsel ein Rehbock aus, so groß und hoch, wie ich noch keinen gesehen hatte; aber mager, mager, klapperdürr! Seinem kurzen Haupt und dicken Halse nach mußte er sehr alt sein. Er hatte schon gefegt, ein Spießbockgehörn mit einer zeigefingerlangen, steileren rechten und einer hakenartig nach hinten gekrümmten linken Stange. Besonders fiel mir daran die ausgesprochen dreieckige, gute Rose auf. Langsam zog er in Begleitung einer Ricke in den Widdergrund hinüber.

Erste Helfer und Besucher

An der Fütterung hatte es sich ohne Beißereien so eingespielt, wie es eigentlich auch vernünftig war: die Brettbache mit ihren elf Frischlingen, die seit 1. April nun Überläufer waren, beanspruchte den großen Ring, die Karpfenbache mit ihren vier Kindern den kleinen. Dazwischen entwickelte sich ein lustiger Pendelverkehr, bei dem man sich das Lachen verbeißen mußte, weil die Kerlchen – immer im Troll – wie auf Rädeln hin und her fuhren.

Mit dem Einverständnis des Oberförsters und der Schülereltern konnte ich nun mein Versprechen einlösen, den verdienstvollen Sammlern und Helfern unsere dankbaren Wintergäste von der Kanzel aus vorzuführen. Aber bis ich so alle in Gruppen von zwei bis drei Teilnehmern durchgeschleust hatte, stand ich jedesmal die gleichen Ängste aus: ob sie den weiten Weg schaffen würden, leise genug zu pirschen vermöchten, auf der Kanzel sich still verhalten, sich nicht erkälten, nicht enttäuscht sein würden, ob sie sich im Dunkeln an den langen Leitprügel halten würden, um von dieser „Ahnung" eines Pirschsteiges nicht ins Geknaster abzukommen, und daß den letzten der möglicherweise tollwütige Fuchs nicht bisse, der – wenn es sich nicht um Einstandsdifferenzen zweier Rehböcke handelte – das angstvoll plärrende Reh gehetzt hatte; und daß sie nicht allzu strapaziert, aber um ein schönes Erlebnis reicher, zu Hause ankommen würden.

Hier nun der Bericht von Ralph Sauer, den er aus eigenem Antrieb geschrieben hat:

„Da ich im letzten Winterhalbjahr ein eifriger Kartoffelschalensammler war, durfte ich am 12. 04. 1960 meinen Biologielehrer in den Solling begleiten. Um 17^{10} Uhr marschierten wir los. Nach eineinhalb Stunden Waldweg kamen wir an einen Hochsitz. Hier streute mein Lehrer zunächst einmal Kartoffeln und Schalen für das Schwarzwild aus. Wir stiegen auf die Kanzel und zogen uns dort die mitgenommenen Sachen an; denn es versprach kühl zu werden. Nach einer halben Stunde kamen plötzlich ein, zwei, drei, vier..., ja elf Frischlinge aus einem Laubholzdickicht, zuletzt die Bache. Sie machten sich gleich über das ausgestreute Futter

her und schmatzten hörbar. Zum Totlachen sah das flinke Hinundherlaufen der Frischlinge aus, zumal sich alles direkt unter unserem Hochsitz abspielte und wir in aller Ruhe das lustige Treiben beobachten konnten. Nach zehn Minuten kamen weitere vier Frischlinge mit einer Bache. Sie schmausten gemeinsam mit den anderen, bis nichts mehr übrig war. Dann guckten sie sehnsüchtig zum Hochsitz hinauf; denn sie witterten genau, daß da noch Futtervorräte auf sie warteten. Mein Lehrer warf eine Kartoffel hinunter, worauf alle Tiere sich schleunigst in das Laubholzdickicht flüchteten. Bald hatten sie jedoch den Schrecken überwunden und kamen wieder heraus.

Der Wald ist nicht mehr so still wie einst; bei dem Motorengeräusch eines Flugzeugs warf mein Lehrer viele Kartoffeln hinunter, doch da lief die ganze Rotte in entgegengesetzter Richtung davon. Wir wollten gerade vom Hochsitz steigen, da kamen zwei starke Überläufer. Sie fanden aber die Kartoffeln nicht und zogen enttäuscht ab. Zum Abschied bereiteten wir den Wildschweinen noch eine besondere Freude und streuten einen ganzen

Sack voll Kartoffeln aus. Nach diesem für mich schönsten Erlebnis waren wir um 21³⁰ Uhr wieder zu Hause."

Der Keiler war noch sehr schreckhaft und mißtrauisch. Um ihn vertrauter zu machen, legte ich ihm immer ein paar Kartoffeln oder Äpfel direkt in meine Spur. Am 19., als ich, schon ein paar Schritte auf dem Heimweg, einmal kurz husten mußte, riß er bei wilder Flucht über Stock und Stein auf der Blöße sprühende Funken – einmaliges Erlebnis in meinem Jägerleben! –, und als am 30. 04. Bärbel Freise ein Hustenbonbon aus der Hand fiel und durch das Gestänge der Kanzelverstrebungen hinunterklapperte, suchte er sofort das Weite und kehrte so bald nicht zurück. Bis zum 22. kamen, von wenigen Ausnahmen abgesehen, die beiden Bachen mit ihren insgesamt 15 Frischlingen vom Vorjahre, die zwei älteren Überläufer und – bei „seinen" Löchern – der Keiler. Mehrere Abende hintereinander war ein alter Amselhahn ihr Vorbote, den sie beim Anwechseln in ähnlicher Weise herausstoßen mochten wie der einlaufende Oktoberhase die schlafende Feldlerche in der Furche. Wenn der schwarze Gelbschnabel schimpfend und immer ganz niedrig aus dem düstergrünen Widdergrund herübergestrichen kam, legte ich den Finger auf den Mund: es dauerte dann nicht mehr lange, bis sie erschienen.

Noch immer war die Brettbache nicht mit neuem Nachwuchs gekommen. Manchmal hatte sie nur fünf oder sieben ihrer Überläufer bei sich und der Rest kam nach oder nicht, zuweilen führte sie noch alle elf. Auch die vier der Karpfenbache hatten sich selbständig gemacht.

Der standorttreue Keiler

Am 26. April in der Frühe schneite es noch einmal heftig – ein irres Bild in dem nahezu voll ergrünten Buchenwald! Da gab es Schneebruch, weil die Bäume schon belaubt waren. Bei Tagesgrauen hielt ich vom „Himmelhohen" in 57 Ausschau; dachte an den schwarzbraunen Kronenzehner, der nach der Brunft schon nachmittags ausgetreten war, und an die muntere Kohlmeise auf seinem rechten Augsproß, die ihm die Hirschläuse von der Stirn ablesen durfte; dachte an den rehroten Zwölfender mit der doppelten Stiefelknechtkrone, der in Gesellschaft eines braunen Alttieres und eines noch dunkleren Schmaltieres immer an derselben Stelle der Verjüngung im Bett saß. Ach, sagte ich mir, könntest ja mal schauen, ob sie dir eine Abwurfstange hingelegt haben, jetzt im Schnee sieht man ihre Wechsel gerade so schön. Aber kaum war ich unten, wirbelten die handtellergroßen Flocken stürmischer als zuvor. So verlor ich die Richtung. Da stand, wie aus der Erde gewachsen, mitten in der Naturverjüngung eine starke graue Sau vor mir: die Karpfenbache, und wurde langsam flüchtig. Gleich darauf eine etwas schwächere schwarze: die Brettbache! Hier also hatten sie Quartier bezogen, um ihre Wochenstuben einzurichten. Gut so! Hier war es ruhiger als in der ohnehin vom Keiler besetzten Eichendickung an der Waldstraße.

Drei Tage danach blieb die Karpfenbache an der Fütterung aus, ab dem 24. Mai auch die Brettbache. Bis zum 26. kamen – unterschiedlich – zwischen acht und zehn Überläufer; von da ab der Keiler allein.

Anfang Juni hatte er seine Sippe abgestritten und war Alleinherrscher seines Tageseinstandes. Wenn ich in die Dickung drang, hörte es sich zuweilen an, als stehle sich ein schwereres Stück Wild davon, das in der Nähe geruht haben mochte. War ich auf die Kanzel gestiegen, zog der Keiler meistens bald vorüber. Drei-, viermal machte er seine Inspektionsrunde innen am Gatter entlang, gegen den Wind, wobei er in Kauf nahm, auf der Waldstraßenseite mit halbem oder Nackenwind zu ziehen. So revierte er die Grenzen seines Reiches gründlich ab. Nach langem Sichern schob er sich durch das Loch, das wir nun, da es laubüberwölbt und düster darunter war, den Tunnel nannten, und trat an seine Futterlöcher. Kleine Kartoffeln verzehrte er an Ort und Stelle; große und Äpfel, die ich ihm hinlegte, damit er das Gebrech weiter öffnen mußte und ich sein Gewaff besser ansprechen konnte, zermalmte er entweder draußen, nach jeder Kaubewegung sichernd, oder ging damit in die Dickung, um in Ruhe zu genießen. An einsehbaren Stellen legte ich ihm hernach ein paar Leckerbissen aus. In der letzten Dämmerung suchte er dann die Blöße ab, und erst wenn der tiefgrün schattende Buchenwald grau verschleiert war, trollte er je nach Windrichtung zu seiner Suhle in den Widdergrund oder über die Waldstraße zu dem verschlammten Tümpel an dem finsteren Fichtenmantel, aus dem ehemals das dürre Alttier ausgetreten war. Manchen Morgen fand ich dann – vorausgesetzt, daß er ruhig auf der Seite gelegen hatte – das wieder voll Wasser gelaufene Tiefrelief seiner Körperformen.

„Wenn die Sonne so eine Stunde über dem Walde steht", sagte der Oberförster von seinem Feriengast, „dann wird der Bernd Wiedemann unruhig. Auch er ist dem Keiler schon völlig verfallen." Vom 11. Juni (Beginn) bis 25. Juni (Ende) konnte ich an dem Keiler alle Stadien seines Haarwechsels verfolgen. Zuerst wurde er am Nasenrücken kahl, dann hinter den Tellern und an Kehle und Hals. Am 14. 06. verschwand der helle „Backenbart", den Heinrich Garth und Bernd Schindewolf in ihrer Begeisterung für mächtige Hauer gehalten hatten. Bald zeugten nur noch ein paar wirr abstehende Borstenbüschel an Vorderläufen und Bauch von der einstigen Majestät – er zog mausgrau umher. Die kantige Keilerkontur trat nach wie vor deutlich in Erscheinung.

Am 17. Juni gegen 19^{15} fiel im Nachbarrevier, Jagen 69, einem anderen Lieblingseinstand des Schwarzwildes, ein Kugelschuß; um 20^{00} Uhr der zweite. Fangschuß? Wem mochte er gegolten haben? Immer die bange Sorge: einem der Unsrigen? – Da, um 20^{13} Uhr, – o Glück – hörte ich den Keiler dicht bei der Kanzel die erste Kartoffel zermalmen. Eine Symphonie hätte in meinen Ohren nicht schöner klingen können. Gott sei Dank! Und während – auch das noch! – ein Teckel anhaltend Laut gab, holte sich der Keiler in Seelenruhe Apfel um Apfel und eine Kartoffel nach der anderen! Diesmal hatte er „Nerven" bewiesen.

Aber so unterschiedlich ist es: Sechs Tage später, nachdem er schon lange bei seinen Löchern friedlich geschmaust hatte, verschwand er urplötzlich mit grobem Grunzlaut und heftigem Blasen ins Dickicht, obgleich kein Grund für seinen Schrecken vorhanden schien. Das Junghäschen, sein Kundschafter, Herold und Freund, das sich angemaßt hatte, neben seinem Ein- und Auswechsel unter der wunderschönen Adlerfarnstaude, die wie eine kleine Edeltanne aussah, zu sitzen, Männchen machte, sich mit den Vorderpfötchen das Mäulchen wischte und Blüten mümmelte, konnte seinen Unwillen nicht derart erregt haben. Stimmte etwas nicht? Hatte es, um weiter zu sehen, auf den Hinterläufen erhoben, einen Störenfried melden wollen? Erst gegen viertel zehn Uhr kehrte der Keiler zurück.

In der Folgezeit habe ich noch manche Gelegenheit gehabt, sein weites Gefühlsintervall von mimosenhafter Sensibilität bis zu ausgesprochener Dickfelligkeit zu erleben und zu bewundern.

Stören und Vergrämen

Nicht immer blieb ein Ansitz ohne wirkliche Störung. Da war der Zigarettenraucher, der sieben

Kippen mit einem Stein zugedeckt hatte; das Liebespaar, das ausgerechnet unter der Kanzel lagerte; die Isetta; ja sogar ein Wohnwagen, der auf dem Parkplatz des Oberförsters hielt; der Erbsenreiser hackende Gartenfreund, den ich so nahe angepirscht hatte, daß ihm vor dem vermeintlichen Förster die Axt aus der Hand fiel. Nach solchen Zwischenfällen nutzte ich den Abend dann anderswo, diesmal auf der Buchenkanzel in 44. Und schon nach fünf Minuten trat ein Rottier in die Naturverjüngung, verbiß ein Weilchen die jungen Triebe und tat sich zehn Gänge vor dem Hochsitz nieder, wo es bis in die Nacht hinein friedlich wiederkäute und mich auf der Kanzel festhielt, bis es von dannen gezogen war.

Am 25., um 21^{20} Uhr, fuhr wieder ein fremder Wagen zum Parkplatz. Ich baumte unverzüglich ab; aber ehe ich Genaueres feststellen konnte, startete der Fahrer. Am nächsten Abend von viertel nach acht bis gegen neun: lautes Türenzuschlagen, künstliche Hustensalven, Herumtrampeln in dem Fichtenstangenort unmittelbar an dem besten Kessel! Da der Ruhestörer mich von jeder Seite hätte kommen sehen, schien mir das Klügste, zu tun, als wäre man nicht da, also: sitzen zu bleiben. Neun Minuten nach Abfahrt des Wagens erschien der Keiler auf gewohntem Wechsel, schickte aber das Junghäschen gegen den Wind vor sich her, wohl um zu erkunden, ob wenigstens auf dieser Seite die Luft rein wäre.

Nachhaltige Wirkung

Am vorletzten Juni ging ich nur kurz füttern, da eine Erkältung in mir steckte. Abends besuchte uns der Oberförster und brachte mir schonend bei, daß den ganzen nächsten Tag über im Vorfeld der Eichendickung die Bodendecke mit dem „Waldigel" aufgerissen und der saure Boden auf einem Streifen von 300 Metern Länge und 50 Metern Breite in den Altbestand hinein ausgiebig gekalkt werden müsse, um das Schimmeln der Bucheckern zu verhindern und die Naturverjüngung zu fördern. Die Arbeit werde zwar mit erheblichem Maschinenlärm einhergehen, hernach aber herrsche wieder Ruhe wie zuvor, Ruhe für uns und unseren Freund, den Keiler.

So vorbereitet, fand ich mich mit dem Unvermeidlichen ab, schwitzte meine Erkältung aus, konnte es aber am nächsten Abend nicht lassen, mich wieder anzusetzen. Nie habe ich mich auf der schönen Friedenskanzel so fremd und verlassen gefühlt wie an dem grauen, schafkälterauhen Abend des „Tattages" in der künstlich geschaffenen Winterlandschaft unter den sommergrünen Bäumen. Um 21^{00} Uhr kamen – wie zum Troste – die Überläufer der Karpfenbache, um 21^{20} der Edelmarder, von 21^{30} bis 21^{50} sogar zehn Überläufer der Brettbache. Der Keiler aber blieb aus. Am dritten Abend saß der Oberförster an und hatte Anblick auf fünf Überläufer. Der Keiler ließ sich wieder nicht blicken.

Wir wollten es lange Zeit nicht glauben, daß ihm sein Lieblingseinstand durch die einmalige, waldbaulich notwendige Maßnahme so nachhaltig verleidet worden sei. Seit unserer ersten Begegnung bei Schnee und Vollmond in der Nacht vom 12. März hatte er unsere Hilfe mit einer Treue ohnegleichen vergolten und uns an 45 Abenden und einem Morgen besucht, immer für eine halbe bis dreiviertel Stunde, bei aller Vorsicht vertraut. Und das sollte nun mit einem Schlage aus sein? Von Abend zu Abend, Woche zu Woche, Monat zu

Monat hofften wir, daß er zurückkehren würde – vergebens! Ich legte weiter Kartoffeln, Mais und Äpfel aus – sie blieben unberührt. Die beiden Rottenverbände hatten sich aufgelöst, die Eichendickung war verwaist.

Wir saßen auf der „Bienenkanzel" am Weserhang an, auf der Forstmeisterleiter in 57, auf dem Himmelhohen, dem Juliusturm, der Widderkanzel und dem Namenlosen – er war und blieb verschwunden; nichts verriet mehr seine Anwesenheit, keine Fährte, keine Suhle. Wohin, wie weit mochte er abgewandert, was konnte ihm inzwischen zugestoßen sein! War er überhaupt noch am Leben?

Ich suchte ihn auch westlich der Waldstraße an der Grenze zum Nachbarrevier Brüggefeld und in der Ferriesgrund, wo hinter dem düsteren Altfichtendom, Poseidons Fichtenhain, seine Lieblingssuhle lag.

„Store Ox"[2]

Am Spätnachmittag des 5. Juli ging ein schweres Gewitter nieder, und der Nachregen trommelte abends noch – das rechte Sauenwetter, das einem Keiler schon gefallen konnte.

„Im Gummimantel schwitzt du dich zu Tode", sagte Karin, „und der Loden saugt sich voll. Also geh mit Regenschirm! Bei dem Hundewetter ist sowieso kein Mensch unterwegs." Wie geraten, so getan.

Als Poseidons Fichtenhain sich zum offenen Buchenbestand lichtete, konnte ich gerade noch hinter der ersten Buche Deckung nehmen. Von ihren tiefhängenden, triefenden Zweigen beschirmt, lehnte ich das Pirschglas an den Stamm, wischte wieder und wieder die beschlagenen Linsen ab, hielt den Atem an und staunte... staunte: Drei hochgeweihte „store Ochs", die da im Regendunst und dünnen Bodennebel hin und her zogen! Ein Vierzehnender – er kann auch irgendwo noch ein

---
[2] norwegisch: Kapitaler Hirsch (Elch)

sechzehntes Ende gehabt haben –, ein alter Zwölfender und ein Haupthirsch! Ich zählte und zählte – es blieb dabei: neun Enden an der linken Stange; fünf in der Krone, und zwischen Mittelsproß und Krone ein langer Wolfssproß. Ihre Wammen „wachelten", ihre Mähnen „wallten" schon – sieben Wochen vor Ägidi! Gewaltig im Wildbret alle drei. Der Achtzehnender warf auf und schickte sich an, mit gefälltem Geweih auf mich zu zu trollen, ingrimmig bösen Bullengesichts, wie: „Mach, daß du fortkommst, Eindringling!" Wahrscheinlich hatte aber der Regenschirm seine Neugier erregt. Und nur in diesem Prasselregen hatte ich dem Altherren=Triumvirat so nahe auf die rote Sommerdecke rücken können und der Haupthirsch mich bis auf dreißig Gänge „angenommen"!

Rätselhaftes Rehbockschicksal

Das zweite Ereignis des Monats war ein Trauerspiel. Am 22. Juli wurde der große, uralte, klapperdürre Spießbock tot unter der 20 Meter hohen Steilwand des Winterlagers aufgefunden. Von den Buschwindröschen an bis zum 2. Juni hatte ich ihn laut Taschenkalender fünfmal gesehen. Meist war er durch den Widdergrund in Richtung Bärenklippen gezogen. Abgestürzt!

Jetzt, Anfang der Blattzeit. Beim Treiben? Aber da wäre sein Schmalreh wahrscheinlich vor ihm ins Bodenlose gesprungen. Falls er überhaupt noch imstande gewesen war, sich an der Brunft zu beteiligen.

Gejagt, gehetzt von einem jüngeren Nebenbuhler? Schon eher. Es ging dort noch ein anderer Bock. Am 5. Juni in der schönen Abendsonne hatte er ganz vertraut im großen Futterring gestanden

und am 2. Juli, den Windfang am Boden, Witterung von meiner Hinspur aufgenommen, zur Kanzel heraufgeäugt und mit einer jähen Kehrtflucht die Dickung aufgesucht!

Zum Kampf gestellt und rückwärts über den Rand des Abgrunds gestoßen? – Aber sollte er hier, in seinem felsigen Sommereinstand, wo er so uralt hatte werden können, weil der immerwährende Küselwind jedweden Feind verriet, selbst in härtester Bedrängnis keinen besseren Fluchtweg gewußt haben? Ein Fehltritt aus Altersschwäche, Unachtsamkeit? Fragen über Fragen. Einmal, an einem anderen Steinbruch, hatte ich einen Bock beängstigend nahe am Abgrund stehen sehen. Äsend!

Letzte, undramatische Möglichkeit: ein Erdrutsch, der ihn in die Tiefe gerissen hatte, der aufgeweichte Boden nach den unaufhörlichen Regengüssen im zweiten Julidrittel.

Es hätte der Kombinationsgabe und des Spürsinns eines passionierten Jagdkriminalisten bedurft, mögliche Spuren zu sichern und auszuwerten. In diesem allseits abgesicherten Refugium, dem unser Bock seinen ungestörten Lebensabend verdankte, hatte er seine goldgrünen Tage schrecklich beschließen müssen: mit einem letzten Entsetzen beim Fall 30 Klafter tief, vielleicht bei Nacht und Grauen, vielleicht im Morgensonnenglanz, bis nach dem zerschmetternden Aufschlag die ewige Nacht ihn umfing...

Das Greisengehörn mit der guten dreieckigen Rose der nach hinten gekrümmten linken Stange war seltsamerweise heil geblieben.

Der Oberförster, dem nicht entgangen war, daß ich ein Auge auf den Bock gehabt hatte, fragte beziehungsreich: „Ich meine, ist es denn eine Trophäe??" „Bei diesem Methusalemalter allemal!" antwortete ich überzeugt. Ein Wort ehedem – und er hätte ihn mir neidlos freigegeben. Es wäre mein ältester Rehbock gewesen – fünfzehn Jahre, achtzehn? Eine blitzartig tötende Kugel hätte ihm den grauenvollen Sturz ins Bodenlose erspart.

Am Abend drängte sich mir ein fürchterlicher Verdacht auf: Tollwut? Das noch immer ungeklärte Angstgeschrei im Widdergrunde, ob Einstandshändel oder ein hetzender Fuchs, fiel mir wieder ein. Um sechs Uhr morgens saß ich, fröstelnd in den Gummimantel gehüllt, im Regen auf der Hoftreppe des Forsthauses, bis, von dem nicht endenden Hundegebell geweckt, droben ein Fenster geöffnet wurde. Mit der größten Eindringlichkeit versuchte ich dem Freunde nahezubringen: Ein normaler Bock, und wäre er noch so alt, stürzt doch in seinem viele Jahre in- und auswendig gekannten Einstand nicht ab!

Bleibt zu sagen: Aufgebrochen fünfzehn Pfund, das Gewicht von zwei Hasen! Bei der Widerristhöhe eines Rothirschkalbes! Der Wildhändler nahm ihn nicht ab. –

Am 6. August nach dem Frühansitz überraschte mich die lange vermißte Standricke mit zwei strammen Kitzen. Das letztemal hatte ich sie am 1. Juni beobachtet, als sie im Widdergrund mit äußerster Behutsamkeit über einen Reiserhaufen stieg, als wüßte sie, wie nahe sie vor der Niederkunft stand. Ich hatte mich besorgt gefragt, wo sie wohl setzen mochte – hoffentlich nicht im Lieblingseinstand des Keilers. In der Zwischenzeit hatte ich gegen den Braven manchmal den schlimmen Verdacht gehegt, er könnte vor solch einem hilflosen Rehkind in Versuchung geraten sein, zumal Sauen Allesfresser sind, abgesehen davon, daß er bei unserer guten Betreuung keinen Hunger zu haben brauchte. Nun bat ich ihm meine schwarzen Gedanken reumütig ab und freute mich herzlich über die doppelte muntere Nachkommenschaft – ja, wessen? Des hohen, dürren, überalterten Spießbockes? Des jungen Gabelbockes, der noch bei Abendsonne in dem großen Futterring gestanden hatte? Oder des Schwindelfreien, der unmittelbar am Abgrund geäst hatte?

Musikliebende Sauen

Dreimal glaube ich in verschiedenen Forstorten erlebt zu haben, daß Wildschweine musikliebend sein können. Die Vorgänge glichen einander auffallend. Am 5. Mai 1960 gegen 20 Uhr, dem Beginn des Kurkonzerts in Karlshafen, wechselten die vier Überläufer der Karpfenbache aus dem Widdergrunde an. Beim ersten Akkord der Blasmusik verhofften sie mit einem Ruck, hoben lauschend die Häupter, standen lange wie angewurzelt und drückten sich dann einer nach dem anderen auf den Erdboden, so daß sie wie die regenschwarzen Baumstümpfe ihrer Umgebung aussahen. Im offenen Altbestand, am hellen Abend! Ich war nun gespannt, wann sie ihren Wechsel fortsetzen würden; denn sie hatten doch ein Ziel gehabt. Aber erst nach Ablauf einer vollen Stunde, nachdem der letzte Ton verklungen war, erhoben sie sich und liefen langsam in die Eichendickung ein.

Das zweitemal – am Todestag des uralten Spießbockes – begab sich das gleiche auf offener Kultur im Jagen 44 jenseits der Waldstraße. Nach mehrmaligen kurzen Ausfallversuchen aus der Naturverjüngung wollte unser „Dreigespann" die Kultur zügig überqueren, da setzte das Kurkonzert ein! Wie auf Kommando stoppten sie mitten im Troll, hoben lauschend die Köpfe, steckten die Köpfe zusammen, „berieten" sich – schließlich befanden sie sich auf freier Fichtenkultur! –, einer tat sich nieder, die beiden anderen verharrten eine geschlagene Stunde wie gebannt auf ihrem Fleck, ohne ihre Stellung zu verändern, wie lebende Denkmäler. Auch ihr Bann löste sich erst nach dem letzten Akkord und Paukenschlag.

Das drittemal fuhren fünf Überläufer flüchtig in den neuen Kahlschlag am Weserhang ein, der noch in der vollen Abendsonne lag. Auch sie hielten sofort inne, hoben lauschend die Köpfe, taten sich allmählich nieder und standen erst nach Ende des Kurkonzerts auf.

In allen drei Fällen hatten sie auf deckungsloser Fläche eine ganze Stunde lang die Musik der Nahrungsuche vorgezogen!

Am 16. April, 15. Juni und am 18. und 20. Juli strich bildschön die Waldschnepfe, einmal sogar ein Schnepfenpaar. Immer konnte ich erkennen, daß sie beim Püitzen den Stecher öffneten. Einer der Junghasen wischte sich den kitzelnden Straußgrasschleier vor dem Näschen weg, was überaus putzig aussah. Aber alle: Schnepfen, Häschen, Edelmarder, Überläufer, die Ricke mit den beiden Kitzen, Hirsche, ja, der kapitale Achtzehnender konnten mir den Verlust des Keilers nicht ersetzen.

Die drei musikliebenden Überläufer, die am 22. Juli dem Blaskonzert der Kurkapelle so versunken gelauscht hatten, blieben uns auch den ganzen August bis zum Beginn der Hirschbrunft treu; sie kamen oft schon wenige Minuten nach meinem Besteigen der Kanzel. Wiederholt drückten sie zwei Althasen vor sich her oder schickten – wie der Keiler – einen Junghasen als Vorposten und Warnwild voraus.

Als Eicheln und Bucheckern fielen, brauchten sie unsere Unterstützung nicht mehr. Ab 22. September blieben sie fort. Daß dies in mastreichen Jahren bis kurz vor Weihnachten immer so sein würde, wußten wir damal noch nicht.

1961
Ein Hegeabschuß

Am 31. Januar erlegte der Revierleiter, Herr Oberförster Karl Schulz, auf der Pirsch einen etwa achtjährigen, für hiesige Verhältnisse kapitalen Muffelwidder. Sein Weidmannsheil war vom hegerischen Standpunkt aus besonders erfreulich insofern, als es sich um einen sogenannten Einwachser handelte: die Spitze der linken Schnecke behinderte bereits die Kaubewegung des Unterkiefers; hinter der linken Schnecke befand sich eine fünfmarkstückgroße eiternde Verletzung. Ohne den Hegeschuß wäre der Widder wahrscheinlich früher oder später verhungert oder vom Hinterhaupt aus von Maden aufgefressen worden. Die Schalen des linken Hinterlaufs waren mangels Abnutzung doppelt so lang wie normal und nach oben gebogen, so daß er den Lauf leicht schonte.

Die Länge der Schnecken betrug: je 68,5 cm, Umfang an der stärksten Stelle: 23,5 cm, Auslage 46 cm. Unter Abzug von fünf Punkten als Einwachser brachte die starke Trophäe es immer noch auf 189 Punkte.

Oberförster Karl Schulz mit erlegtem Einwachser am Widdergrund

Neubeginn – „Benjamin"

Ab 1. Februar fanden traditionsgemäß keine Drückjagden mehr statt. Aber es dauerte 17 Tage, bis die inzwischen gefrorenen schönen Äpfel und ein paar Häufchen Mais angenommen waren. Anfang März ging bei sinkender Nacht öfter ein geheimnisvolles Huscheln und Ruscheln in der Eichendickung hin und her. Am feiertäglichen 9. März – dem 87. Geburtstag meiner lieben Mutter – machten das Edithlein und ich einen Sonnenspaziergang zum Saustall. Auf einem grasfreien Fleck der vorderen Blöße: welch freudige Entdeckung! Fährten, klein wie die ersten Huflattichsonnen, von federleichten Dingelchen nur so auf den Erdboden gekritzelt: Frischlingsfährten!

Sechs Tage danach – ich hatte mich auf der Kanzel noch nicht hingesetzt – was kam denn da anspaziert? Braun, mit schwarzem Aalstrich, niedriger, rundlicher als ein Reh, mit kleinen Lusern und heller Ramsnase, wandelte es auf kräftigen Läufen daher, seltsam fremd und seltsam feierlich, offenbar auf kindlich-neugierigen Erkundungswegen: ein Muffellamm, ein Osterlamm im Walde!

Aber da, an der Leiterbuche, bekam es Wind von meiner frischen Spur – und aus war es mit dem verzauberten Waldgeistlein aus dem Märflüchtete zurück. Hinter einer Buche tauchte das Haupt eines Mutterschafes auf, daneben ein zweites. Zu schnell nahm ich mit den hellen Händen das Glas an die Augen! Ein zischender Pfiff, und alle drei gingen flüchtig ab.

Sonnabend, den 8. April, saß ich abermals an. Der weite Raum des offenen Buchenwaldes hallte wider von den Abendglocken in der Runde der Ortschaften. Wenn eine verklungen war, hob die andere an, bis ein ganzer Ring von wogendem Glockenklang den Wald umschloß. Und da, in der immer traumversunkenen Stunde, als die Versammlung der stillen Bäume zur traulich-engen Kammer ward und zum „Tag des Herrn" sich rüstete, rollte eine kleine Kugel, nicht Häschen, nicht Dächschen, nicht Waschbär, aber von alledem etwas, durch das sperrige Gesträuch zu dem hellen Maisfleck und machte sich darüber her: ein Frischling! Wo kommst du her, liebenswerter, kleiner Kerl? Wie lange schon bist du von deiner Familie getrennt, daß du einen solchen Bärenhunger hast, säumiges Nachzüglerlein? Oder bist du gar Waisenkind?

Ohne Fernglas hätte ich es nicht geglaubt, daß solch ein Säugling schon feste Nahrung zu sich nehmen kann. Volle 25 Minuten schnurpste er, deutlich hörbar. Gewitztes Nesthäkchen? Findiger Vorausposten? Benjamin sollte zur Schlüsselfigur der ganzen künftigen Entwicklung werden.

Drei Abende danach, fast in der Nacht, lief die Mutter Bache vom Weserhang her heimlich in die Südspitze der Dickung ein. Am 21. April schwärmten die sieben gestreiften Winzlinge unter der Friedenskanzel aus, stritten wie alte Keiler, boxten sich bäuchlings rückwärts in ein Stubbenloch, tanztcn nach sorglos übermütiger Kinderart wie spielende Häschen und rieben sich Flanken, Keulchen und Rücken wohlig am Wurzelgestühl.

Mitte Mai redete ich sie zum erstenmal an. „Na na, vertragt Euch! Keine Streitigkeiten!" Zweimal hielten sie es aus; beim drittenmal flüchtete die Mutter, mit ihr die folgsame Kinderschar: vier Schwestern und drei Brüder. Auch Benjamin war ein Bachenfrischling, wurde aber nicht mehr umbenannt.

Als ich am 20. gegen drei Uhr nachmittags in der Dickung gefüttert hatte, machte ich einen Altfuchs rege und drückte ihn heraus. Er schien mir gesund; aber wegen der Tollwut nahm ich mir vor, ein wachsames Auge auf ihn zu haben.

Am Abend des 26. stürmte Benjamin bei der Kanzel auf mich zu, bog erst dicht vor meinen Stiefelspitzen ab und führte sieben Minuten später die Geschwister vertraut ins Freie. In der Folgezeit erwarteten sie mich auf dem Futterplatz zwischen Dickung und bärlappberanktem Graben, umkreisten mich erregt mit gesträubten Rückenborsten und steif gereckten Pürzelchen, während in der grünen Düsternis der Eichendickung die schwarze Bache mit aufgerichteten Tellern und peitschendem Pürzel sorgenvoll tobte und zornig posaunte.

Am 9. Juni duldete sie die knisternde Entfaltung der Regenhaut, die ich der sechsjährigen E-

Die Stammbache mit Ihren 7 Frischlingen auf dem Futterplatz an der Eichendickung, 29.6.1961

An der Friedenskanzel

dith um die Schultern legte. Ab Mitte bis Ende Juli begleitete mich Benjamin, die Nase sehnsüchtig zu mir erhoben, in der Maiswolke des auszustaubenden Beutels wie ein Hundchen bis unter die Kanzel. Am Abend des 11. Juli trollte er mir auf moosiger Grabenböschung entgegen, hob wie fragend und bittend den Kopf, verstellte mir regelrecht den Weg und rannte dann pürzelwedelnd zum Futterplatz voraus, vergnügt und lüstern vor sich hin schwatzend. Ich durfte auf die Kanzel steigen. Wenn die übliche Abendmenge verzehrt war, „regneten" wir Mais. Zum Schluß wagte ich es, erst die halbe, dann die ganze Leiter hinabzusteigen, und nahm still auf der untersten Sprosse Platz, wo ich so vertrauenerweckend klein war wie sie, die nach ein wenig Durcheinander bald wieder auf doppelte Armeslänge vor mir schmausten.

Von diesem Platz aus habe ich in mancher zauberhaften Abendstunde Benjamin seinen Namen vorgesungen, ja, gesungen, f-f-d, die Terz. So mochte er – nach dem Pawlow'schen Reflex – seinen gesungenen Namen mit Schmaus und Sattwerden verbinden. Mit der Zeit gab er auf Rufen

*Fotomeister Wolfgang Fritz,
Schöpfer der Hochwild-Bilddokumente,
mit Herbstbrüchen*

sogar auf Hunderte von Metern eifrig Antwort. Später bedeutete der Lockruf „Benjamin" allen soviel wie „zu Tisch".

Um diese Zeit bemerkten wir bekümmert, daß der Ärmste rechtsseitig blind war, wahrscheinlich infolge Anfliegens an einen spitzen Ast oder verrosteten Drahtzaun. Vielleicht aber waren gerade aufgrund seines Augenschadens Gehör und Geruchssinn bei ihm besonders gut entwickelt. Wenn das unvermeidliche Knuffen und Puffen um die letzten Körner begann, arbeitete er meine Spur aus und kam zu mir. Ich hatte immer noch etwas für ihn.

Waren unsere Schützlinge einmal nicht „zu Hause", machte ich die Runde an dem düsteren Fichtenort entlang, rief von Zeit zu Zeit „Benjamin!" und rasselte mit dem Beutel Eicheln und Mais. Über die neue Äsungsfläche ging ich zurück. Meist waren sie dann schon vor mir am Futterplatz oder kamen mir sogar freudig entgegen.

Ihre Ankunft war jedesmal anders. Sie vermochten heimlicher zu kommen, als sich das erste müde Blatt vom Zweige löst, wie sie zu anderer Zeit und Stimmung gleich der Wilden Jagd oder einem Rudel lechzender Wölfe, die führende Mutter nebenher, unter allerlei Geraunze und Gemaunze und Geknurr, was sich fast wie ein Bellen anhörte, heranhechelten und immer erst nach dem üblichen Windholebogen in die Dickung einliefen. Dann posaunte die Bache ein rollendes, grollendes: „Vorsicht!" oder „Das Ganze halt!", und dann trat Benjamin in seine Rechte und „Funktionen".

Sie erwarteten mich in tiefer Dämmerung an dem Pirschsteig zur Kanzel, in Reih und Glied, eines neben dem anderen, stumm und regungslos, gesenkten Hauptes, wie demütige Bittsteller, Baumstümpfen gleich, an denen ich vorübergegangen wäre, und sie hätten mich ihre Front der so rührend Bescheidenen auch ruhig „abschreiten" lassen, wäre ich nicht bei ihnen stehengeblieben,

um sie mit leisen, liebevollen Worten zu begrüßen und sie einzuladen, sich mir anzuschließen. Und nach gehütetem Abendbrot folgten sie mir auf dem Heimweg, am 31. Juli 1961 sechzig Schritte, später einhundertachtzig, schließlich an dreihundert Gänge bis fast an die Waldstraße und kehrten erst um, wenn ich vor ihren Nasen die leeren Taschen umdrehte und meine Lieblinge in bedauerndem Tonfall „verabschiedete" und auf morgen „vertröstete". Das bewog mich, am Futterplatz mich von ihnen zu lösen mit einem zuversichtlichen „Abgesang": „Auf Wiedersehen! – Auf Wiedersehen!" Es sollte wie in Kindersprache heißen: „Alle, alle, es gibt nichts mehr!" Und wahrhaftig, es ging ihnen mit der Zeit ein, sie begleiteten mich nicht mehr.

Freund Eichelhäher

Vom 28. Juli an empfing mich an der Waldstraße öfter ein Eichelhäher und begleitete mich, von Baum zu Baum vorausfliegend, zur Fütterung. Mit ganz eigenartigen melodischen Lauten fragte

er an, ob er sich etwas nehmen dürfe. Mit aller erdenklichen Freundlichkeit der Stimme lud ich ihn ein, getrost zuzulangen. Anfangs äugte er scheu umher, und wenn nur ein Mäuslein lief, flatterte er auf. Allmählich wurde er vertrauter, stritt Artgenossen ab und büßte dabei eine Stoßfeder ein, woran ich ihn immer sogleich als den zutraulichen Platzhahn erkannte. Durch sein Vertrauen hielt er mir die ganze übrige Hähergesellschaft vom Leibe, die mich sonst ausgelästert und mir manch schöne Beobachtung vereitelt hätte. Denn auch der Fuchs kam aus der Dickung, um sich den Mäusen zu widmen, die auf dem Futterplatz Karussell fuhren. An Schönwetterabenden strich mein gefiederter Freund mehrmals mit gefülltem Kropf über die Dickung davon, wohl zu einem Versteck, in dem er seinen Wintervorrat anlegte – nie bei Regenwetter, als „wüßte" er, daß man seine Reserven nicht bei Nässe einwintert!

Am 1. August nahm Benjamin mir den ersten Frühapfel von der Hand, sanft und lieb wie ein Eselchen. Unter allerlei Kratzfüßen und verschämten Verbeugungen trat er näher, ließ sich klopfen, streicheln und in der weichen Wolle hinter den Tellern kraulen. Ein allerliebstes, hochbeglückendes Gefühl, wenn die kleine Rüsselscheibe im Handteller wühlte! Äpfel waren eine willkommene Bereicherung der Speisekarte. Kleine, die wir ihnen ganz zumuten durften, konnten sie bei ihrem starken Überbiß schlecht fassen. Wenn die Wurfscheibe das Äpfelchen anstieß, rollte es weg! Ausgesprochen artig und geradezu graziös sah es aus, wie so ein Faunenfüßchen sich dann bemühte, das Bällchen wieder zu angeln. Große Äpfel schnitten wir ihnen in mundgerechte Stücke, nicht zuletzt eingedenk einer Meldung der Jagdpresse, des Inhalts, daß sogar ein Stück Rotwild an einem verschluckten Apfel erstickt war. Pflaumen, die Benjamin noch nicht abzunehmen verstand, mußte ich ihm regelrecht ins Mäulchen wischen und danach das kleine Gebrech zuhalten, damit er sie nicht wieder verlor! War er fertig, stieß er mich mit der Nase leise an: „Mehr!"

Mitte August war er bereits so ‚verrückt' auf Pflaumen, daß er sie wie der Hund die Würstel schnappte, meine Taschen revidierte, am 21. sein rechtes Bocksfüßchen auf mein linkes Knie stemmte und mit der vollen Tüte abhaute, während Borstenbärchen zwischen meinen Füßen Birnen „stahl". – Von welch drahtiger Borste solch ein Frischlings-

Borstenbärchen, Benjamin, Mauseöhrchen

lauf umgeben ist! Da kann man sich vorstellen, weshalb Schwarzwild sich bei Harschschnee nicht so leicht wundläuft wie Rehwild. –

Edelbesuch

An einem dieser Abende, als ich nur füttern ging, legte ich vor der Kanzel drei saftige Birnen auf drei muldenförmigen Steinen aus, auf die ich einmal den Eimer mit Obstsaft ausgegossen hatte. Ich durfte sicher sein, daß mein Liebling Benjamin, Herold der Rotte, als erster in den Genuß der Leckerbissen kommen werde. Die vierte Birne legte ich auf dem Gatterpfahl ab und vergaß sie dann. Als ich nach einigen Tagen wieder ansaß, näherte sich mir von hinten etwas in leichten Sprüngen, zu laut für eine hopsende Maus, auch zu zügig und zu lang in den Fluchten, anders als der Fuchs tappt und der Hase hoppelt: der Edelmarder!

Schwarzbraun, seidig glänzend, in unnachahmlicher Grazie und Geschmeidigkeit strebte er, die Nase am Boden, zu den muldenförmigen Steinen, bewindete, gemächlich hüpfend, eingehend den ersten, zweiten und dritten Stein, verhielt wie überlegend – war er enttäuscht? –, machte Pfählchen, wies mir dabei sein dottergelbes Vorhemdchen und gewann mit einem mühelosen Satz den Gatterpfahl, auf dem die vergessene Birne gelegen hatte. So fein witterte er nach Tagen noch bzw. „erinnerte" er sich der süßen Stellen!

Namen und Tierpersönlichkeiten

Auf einem weiten Waldspaziergang gaben Edith und ich unseren Lieblingen Namen. Die Stammutter tauften wir Jutta. Drei Bachenfrischlinge hielten immer zusammen: Benjamin mit dem blinden rechten Licht, dem „Islandponynacken" und den kurzen Stapfschritten; Mauseöhrchen, das beim Schmausen die Teller anlegte, Benjamin in der Gestalt recht ähnlich, doch länger; und das

stramme Borstenbärchen mit dem charakteristischen Keilerprofil, dem schönen Bogen des Nasenrückens, seinen Eltern wie aus dem Gesicht geschnitten. Sie waren die Treuesten der Treuen. Zu dem erweiterten Kreis gehörten Wutzchen, der spätere Schneeweißchenbär, ferner Öffchen, dessen Aufgabe es schien, mich mit einem empörten „Öff" zu melden, wenn ich einmal von der „falschen Seite" kam. Bei der Bache hielten sich das Keilerchen Wuff, das ein ganz geriebener Bursche zu werden versprach, und der vierte Bachenfrischling, den wir den Säugling nannten.

Wenn ich auf der untersten Sprosse der Kanzelleiter saß, ergab sich beim Füttern folgende Rangordnung: Benjamin, der rechts nichts sah, suchte Tuchfühlung an meiner rechten Wade; von links war er durch die Kanzelbuche geschützt und somit unangefochten; das starke Borstenbärchen, bestes Fresserchen, anfangs immer schüchtern, steckte seinen Keilerkopf zwischen meine Beine und hielt sich zusätzlich an das, was beim Austeilen herunterfiel, stibitzte mir wohl auch ein ganzes Säckchen voll, das hinter der Leiter lag, und suchte damit das Weite. Mauseöhrchen hatte an meinem linken Knie seinen Platz und der Säugling, der sich meist bei der Mutter hielt, ganz links außen, was vielleicht dazu führte, daß wir einander entfremdeten, zumal Schneeweißchenpetz, der sich den Pelz nach Herzenslust klopfen und zausen ließ wie der verzauberte Bär im Märchen von „Schneeweißchen und Rosenrot", uns immer lieber wurde. Stand mein Fuß auf etwas Eßbarem, nach dem ihn gelüstete, so hob er mit dem Wurf die Stiefelsohle an und schob ihn einfach beiseite. War Keilerchen Wuff zu lange bei der Mutter in der Dickung geblieben und fand dann alle Futterstellen besetzt, so sah er sich das scheinbar gleichgültig, in Wirklichkeit mißvergnügt ein Weilchen an, stieß plötzlich ein erschrecktes „Wuff" aus und tat ein paar rasende Fluchten dickungswärts, die Geschwister ihm natürlich nach. Im nächsten Augenblick kam er von der anderen Seite wieder heraus und stürzte sich auf die größte Portion. „Haben Sie das gesehen", sagte Forstmeister Oskar Steinhoff mit bedeutsam erhobenem Zeigefinger, „der ekelt sie mit List erst alle weg, und dann ist er der erste, der sich darüber hermacht. Der wird mal gut!"

Wenn sie satt waren, legten sie sich vor mir aufs Moosbett, schlossen die Lichter und machten ein Verdauungsnickerchen. Beim geringsten Warnlaut der Mutter aber waren sie blitzschnell auf den Läufen, auch wenn der Alarm sich nur als Gehorsamsübung erwies. Zeichen gesättigter Selbstzufriedenheit war es, wenn ein letztes der Kerlchen, munter vor sich hin schwatzend, unvermittelt vom noch gedeckten Tisch davontrollte. Vielleicht hieß das in seiner Sprache: „Den anderen nach!" Oder: „Ich habe Durst und gehe jetzt trinken." Wenn Borstenbärchen der Hafer stach, ritt es im Übermut auf seiner Lieblingsschwester Benjamin, was wie ein verfrühter Beschlagsversuch aussah und ganz grotesk wirkte.

Mauseöhrchen und Borstenbärchen: „Kommen wir noch durch das Loch im Zaun?"

Jutta

Wenn die Stammbache Jutta mit dem ersten „Gang", den ich ihr hinter der Buschwand längs des Bärlapp- und Heidelbeergrabens aufgetragen hatte, fertig war, erschien sie auf der Böschung, furchterregend anzuschauen mit ihrer schwarzen Maske um die Augen, und grollte. Hegte sie einen mir verborgenen Argwohn? Wollte sie die Kinder abrufen oder sich nur in Erinnerung bringen? Dann warf ich ihr, die bei meiner Näherung geräuschlos in die Düsternis der Dickung verschwunden war, über den Graben ein paar Handvoll zu, und ich hatte noch nicht wieder Platz genommen, so vernahm ich, wie es ihr schmeckte.

Da es mich immer betrübte, daß sie mein Kommen nicht aushielt, ging ich dazu über, mich ihr mit dem friedlichen Abgesang „Ruhe – Ruhe – Ruhe" zu nähern, dem vierten der Worte, das sie verstehen lernten und das so die ganzen sieben Jahre zum Erkennungs- und Friedensgruß für alle wurde.

Ein Abweichen von dieser Gewohnheit hätte mir am 10. August 1961 beinahe einen folgenschweren Zusammenstoß eingebracht. Ich wähnte die Bache endgültig abgezogen und wollte ihr auf der Böschung ein Abschiedsgeschenk hinterlassen. Da drang aus der Dunkelheit des Grabens ein so unmißverständlich drohender Laut, wie ich ihn nie zuvor und nie nachdem in meinem Leben von Sauen gehört habe, und der hieß: „Wehe! Noch einen Schritt – und ich sitze dir zwischen den Knochen!" Ich gestehe offen, daß mir die bekannte Gänsehaut über den Rücken lief. Der Keiler schlägt, die Bache beißt. Was das bei solchem Gebiß bedeutet, kann man sich ausmalen. Ein Jäger ist bei einem Bachenbiß in die Schlagader der Wade verblutet! – Oder sollte es vielleicht sogar der Keiler gewesen sein?

Ein Gewitter mit Wolkenbruch überraschte mich unter der Friedenskanzel und leitete das zweite Augustdrittel pladdernaß ein. Ich trat wegen der Blitzgefahr an den Rand der Dickung, ließ mich von dem Geprassel haselnußgroßer Tropfen eindecken, die unter tausend Blitzen auf meinen Stiefeln zerplatzten, schüttete alle Augenblicke das Wasser aus dem Hutteller und wartete apathisch auf den „Waldweltuntergang" in der Sintflut. Abends zuvor waren die Unsrigen um Schlag acht Uhr erschienen – heute natürlich kein Gedanke daran. Und jetzt war es acht! Aber kaum ausgedacht, rannte der erste Frischling, naß wie die sprichwörtliche gebadete Katze, auf mich zu! Wie freute ich mich, daß ich bei dem Unwetter nicht mehr allein war! Wir hatten uns gegenseitig nicht im Stich gelassen.

Landregen

Volle zehn Tage Regen, Regen, Regen. Prasselnd warf der Wind eine Bö nach der anderen gegen die Fensterscheiben, betrübt sah ich auf die nasse bunte Blumenpracht des Gartens und dachte voll Sorge an meine Wildschweinkinder, die auch nicht mehr trocken wurden. In den vom Keiler gebrochenen Löchern stand das Wasser; von unserer „Anrichte", der metergroßen Buchenstubbenplatte, schwamm jedes Futter weg. Und eines Abends niesten sie, Mauseöhrchen und Benjamin! Lustlos knabberte er an seinem Nestlein Mais, nahm mir auch aus der Hand etwas ab; aber die goldenste

An dem großen Buchenstubben, unserer „Anrichte"

Birne bewindete er nur – alles zu naß! Zitterte er? Er fror! Bei jedem neuen groben Schauer zog er in die Dickung, betrübt, gesenkten Hauptes, auffallend langsam; keiner konnte so offensichtlich traurig ziehen wie Benjamin. Aber so wies er mir den Weg...

Nicht ohne Bedenken entschloß ich mich, ihnen in der Dickung auf die Schwarte zu rücken; es kam mir wie ein Einbruch in ihre „gute Stube" vor. Hinter dem Gatter bildeten die übermannshohen Jungeichen ein dichtes Laubdach, das kaum einen Sonnenstrahl durchließ und den Regen abhielt, wie der brokatene Fallaubteppich bewies. Unter dem Baldachin fand sich ein mächtiger Eichenstubben mit einem Bollwerk von Adlerfarn als Rückendeckung. So dicht am Zaun, wo sie meine Spur ohnehin gewohnt waren, hielt ich es nicht für Hausfriedensbruch, still dort zu sitzen und ihrer zu harren. Gern bin ich dort untergeschlüpft, besonders gern, wenn Gras, Laub und Farn nach dem Regen in vielerlei Goldgrün glitzerten und an den nässeschwarzen Stämmen die roten Abendlichter aufglühten.

Der erste Abend war verregnet. Ich ließ den Kopf hängen, und die silbernen Tropfenperlen reihten sich an der Hutkrempe auf. Ein leises Flattern verriet, daß mein Freund Eichelhäher mir auch hierher gefolgt war; ein paar verhaltene Laute. Es konnte sein Vorsichhinschwatzen sein, Unmutsäußerung über das schlechte Wetter, aber auch Aufforderung an mich: „So sag doch was! Hier hast du doch noch nie gesessen!" Darum ermunterte ich ihn leise: „Nun komm doch, komm!" Schon war er da, glitt wie ein riesiges, herrliches Tagpfauenauge in die Sichtbarkeit und atzte sich.

Es dämmerte früh an dem trüben Abend; da knackte in der Dickung ein morscher Ast, war das röchelnde Bellen zu hören. Aber ehe die sieben braunen Wutze an mir vorbeigebraust waren, sprach ich sie halblaut an. Verhoffen, Stutzen fluchtbereit! In ihrer Dickung mich, das hatten sie nicht erwartet.

Sie schalteten aber sofort. Mit einer Wendung, als wollten sie sagen: „Gar nicht so dumm, sogar das einzig Richtige – also: einverstanden", nahmen sie der Reihe nach die gewohnte Rangordnung an meinen Knien ein.

Erlösende Demonstration

Ein Abend ohne sie war viele Seufzer lang. Der Forstmeister emeritus hatte festgestellt, die Sauen hätten Buchenkeimlinge herausgerissen, die Wurzeln abgebissen und das Grün liegen lassen; es müßten Sauen abgeschossen werden. Und nun war im Nachbarrevier, Jagen 69, dem anderen Lieblingsstand der Rotten, ein Kugelschuß gefallen! Ich sollte eben doch den Nachbaroberförster ins Vertrauen ziehen, und diesmal durfte ich meinen Freund und Gönner nicht verpassen, wenn er vom Ansitz zurückkehrte. So stand ich, als die ersten Sterne blinkten, in bekümmertem Gespräch mit ihm beim Auto. Er beruhigte mich und versprach, den Nachbarkollegen noch am selben Abend telefonisch einzuweihen. Da zog Benjamin, der uns hatte sprechen hören, gesenkten Hauptes, leibhaftiger stummer Vorwurf ob meiner großen Sorge

um ihn, mit gesträubter Islandponymähne und an den kurzen Stapfschritten trotz der tiefen Dämmerung unverkennbar, auf kaum Stubenlänge links an uns vorüber und in die Dickung, wie um uns zu beweisen: „Ich lebe!" Mir fiel eine Zentnerlast vom Herzen. Er war mir neu geschenkt. Auf dem Heimweg – Glück muß man haben – traf ich den ältesten Sohn des Nachbaroberförsters Herrn Otto Meier und konnte über ihn den Vater bitten, auf die sieben Frischlinge der schwarzen Bache den Drückefinger gerade zu lassen. –

Daß unsere Lieblinge uns am Auto aufsuchten, blieb kein Einzelfall. Am 29. August hatte ich ihnen wie immer das Abendbrot gehütet, war aber dann über die Waldstraße zum Parkplatz gegangen, um den Oberförster zu sprechen. Er kam, berichtete von einem langstangigen, weitausgelegten Eissprossenzehner und einem starken Keiler, der lange vor ihm auf und ab gezogen sei; der könne möglicherweise mein stiller Teilhaber seit dem 10. August sein. So tauschten wir Gedanken aus, eine viertel, eine halbe, eine dreiviertel Stunde. Längst mußten unsere Freunde reinen Tisch gemacht haben und in der Dickung ihr Verdauungsschläfchen halten, es schattete schon tief im Bestande. Da raschelte es hinter uns in einem Reisighaufen. „Ein Igel", meinte ich, „leuchte doch mal hin", sagte der Oberförster. Und wen hatte ich da im Lichtkegel? Benjamin, dahinter Mauseöhrchen, die uns aufgesucht hatten, sich in Erinnerung zu bringen und uns um einen zweiten Gang zu bitten.

Das war das zweitemal innerhalb einer Woche, daß sie uns am Auto aufgesucht hatten! Nun soll einer sagen, das wäre keine Denkleistung gewesen! Sie hatten uns sprechen hören und sich gesagt: „Die sind noch da; gehen wir hin, vielleicht geben sie uns noch was!" Wir begrüßten sie gerührt und lobten sie für soviel Vertrauen und Klugheit. Nun regte es sich auch an anderen Stellen im Dunklen; Benjamin und Mauseöhrchen waren nur auf Vorposten geschickt.

Wir verabschiedeten uns schnell, und während ich auf dem Pirschsteig noch einmal zum Futterplatz ging, begleiteten sie mich auf ihren Wechseln in der Dickung. An der Friedenskanzel – Stille! Ich lockte. Kein Laut! Hatten wir einander mißverstanden? Unmöglich, bei der soeben bewiesenen Denkleistung. Und als ich an den Bärlappgraben trat, raschelte es überall. Da standen sie, in Reih und Glied, in ihrer stumm erwartungsvollen Demut- und Bittstellerhaltung, die Häupter gesenkt... Die halbe Stunde, die ich dann noch ganz allein mit ihnen im leise rauschenden Walde unter den Sternen saß und ihnen das Nachtmahl hüten durfte, gehört zu den unvergeßlichsten Kostbarkeiten meines ganzen Naturerlebens. –

An meinem Geburtstag hatte ich die Fütterung schon nachmittags beschickt, unberufenen Blicken entzogen unter dem Baldachin. Benjamins Mahlzeit hatte ich mit meiner verschwitzten Leinenjacke, an der auch genug seiner Eigenwitterung haftete, zugedeckt und verwittert. Mit den Fingern hatte ich das welke Laub weggeharkt und so eine kleine Spürbahn geschaffen, um hernach festzustellen, ob auch wirklich er selbst in den Genuß der Überportion gekommen war; er hatte das schwächste Trittsiegel. Beim Geburtstagskaffee scherzte Karin: „Hoffentlich zieht er sich deine Jacke nicht an!" Die Gute ahnte nicht, was sie damit angerichtet hatte. Völlig ausgeschlossen war es immerhin nicht, daß er das Kleidungsstück nicht nur einfach beiseite schob, sondern sich darin verwickelte.

Als der erste Stern aufblitzte, las die Mutti dem „Kind im Manne" den Wunsch von den Augen ab, zog Edith das Sommermäntelchen an, und wir rückten aus. Überm Reinhardswald ging der Vollmond auf, wunderschön die große, goldene Scheibe, richtig erdennah... „Über allen Gipfeln ist Ruh...". Am Rasenbrücklein verhörten wir. Stille... Mutter und Kind setzten sich auf den Buchenklotz; ich ging in die nachtgrüne Schwärze hinein, leise und vorsichtig. Ich roch die Rotte eher als sie mich, weil der Wind zu mir stand; sie grubberten schon im hohen Holz. Jutta grunzte. Es war nicht das warnende Grollen der besorgten Mutter, geschweige drohender Unwille, viel eher die friedliche Anfrage: „Bist du es? So gib dich doch zu erkennen. Wir sind's!" – Es war immer gut, wenn ich die Taschen voll Eicheln und Maiskörnern hatte; so kam ich nie ohne Geschenk.

Bei meiner Rückkehr sagte Edithlein: „Wir haben alles genau mitgekriegt: sie haben dir zum Geburtstag gratuliert. Aber die Jacke holen wir morgen!"

Attila

Der Abend des 17. September war mondhell – und einer der denkwürdigsten in den sieben Jahren.

Durch die Eichendickung ging das altbekannte Rascheln; heraus trat, naß vom Suhlen, Benjamin, und alle gingen an ihre Plätze. Auf einmal teilten sich die Randzweige, und ein starkes Stück Wild fuhr rauschend heraus und wieder zurück. Da war es wieder! Mit erhobenem Wurf trat es auf eine mondhelle Stelle, höher als die Bache! Schnell überschlug ich: sieben plus zwei – ein Großes zuviel! Da half kein Schimpfen, kein Bewerfen mit dem Heidekrautsträußlein für Karin, um den ungebetenen Gast zu verjagen – er trollte brummend zu meiner Rechten vorbei, hinter mir herum in die Dickung und kam vorne wieder heraus! Nun ging mir ein Licht auf! Wenn er nicht tollwütig war – und dagegen sprach alles – so konnte der Eindringling kein anderer als unser guter, treuer „Attila" sein, der mich in bester Erinnerung hatte und schon abendelang aus grüner Deckung heraus beobachtet haben mochte. Welch ein beglückendes Wiedersehen, nach 14 ½ Monaten! Klar, daß er nun, friedlich und wohlgelitten, sich die üblichen dreiviertel Stunden kräftig dazuhalten durfte!

Ein Brunfthirsch wundert sich

Vier Abende danach wieder ein Ereignis! Ich saß, mit unseren Frischlingen sprechend, auf der Anrichte, der großen, runden Buchenstubbenplatte; da röhrte doch wahrhaftig im Widdergrunde ein Hirsch, und kein geringer! Was mochte ihn und sein Rudel bewogen haben, so nahe heranzuziehen? Die Brunftwolke, die unsere Rotte jetzt immer vom Suhlen mitbrachte? Ein abtrünniges Schmaltier? Nun orgelte er zum zweitenmal! Ein erhebendes Gefühl! Wo noch nie ein Hirsch stand: der „König der Wälder", der sich wundern mochte, was hier nächtlicherweile die Wildschweine mit dem Menschen zu schaffen hatten und dieser mit ihnen. Und da ritt mich der Teufel: ich mahnte! Mit dem unbestimmten französischen articulus masculinus: „Un!" Da dröhnte der Brunftschrei zum dritten Mal! Ob ich es noch einmal wagte? – „Un!" – Nach allen Seiten spritzen die Meinen auseinander! Mahnen hatten sie mich noch nie gehört; merkwürdig nur, daß sie erst auf das zweite „Un" so sauer reagiert hatten. Der Hirsch verschwieg – er hatte Verdacht geschöpft...

Selbstverschuldetes Mißgeschick

Am 23. September in der tiefen Dämmerung ahnte ich mehr als ich sah, wer noch um mich herum war. Ich erhob mich von meiner untersten Leitersprosse und ging zur Anrichte hinüber, wo ich die Äpfel mit einem Holzspan teilte. Ein Frischling stand mir gegenüber, nach Stärke und bescheidenem Wesen Benjamin; wartete artig, bis ich fertig war, nahm den am Stiel gehaltenen halben Apfel, faßte aber plötzlich nach – mein rechter Mittelfinger zwischen seinen Zähnen! Ich „hörte die Engel singen"! Das war nicht Benjamins Art zu nehmen! Es dauerte zwar nur Sekunden, bis mein kleiner Freund merkte, daß der Finger kein Apfel war; aber ich konnte kaum glauben, daß er überhaupt noch dran war!

Gegen Tetanus war ich geimpft, und tollwütig waren sie nicht. Da fiel mir mein Waldwaschbecken ein. Das Wasser in der Vertiefung am Rasenbrücklein hatte ständigen Zufluß, aber nur wenig Abfluß, so daß eine zentimeterdicke Seifenschaumschicht die Oberfläche bedeckte. Dieses Seifenlaugenbad kam mir nun als Erste Hilfe sehr zustatten. Zu Hause bei Licht sah der Finger nicht gut aus, aber auch nicht so schlecht, daß ich zum Arzt gegangen wäre: Sonnabend! Am Sonntag besuchte uns ein Freund aus der Jugendzeit, der spätere Professor Dr. med. Karl Joachim Münzenberg. Dem zeigte ich den verletzten Finger. „Tollwut?" fragte er. – „Auf keinen Fall, solange jedes seinen Futterplatz kennt." – „Wann war das?" – „Vorgestern abend". – „Hm, dann könnte ich dir sowieso nicht mehr helfen. Aber, na – es sieht ja soweit ganz gut aus."

Nach 14 Tagen war die Wunde abgeheilt. Von da ab legte Mauseöhrchen den Kopf auf die Seite und ließ sich die Apfelhälfte am Stiel in den linken Mundwinkel schieben, als wüßte es, daß es so nicht beißen konnte.

Treibjagdsorgen

Voll Sorge sah ich den Treibjagdwinter kommen. König Frederic von Dänemark sagte einmal: „Staatsjagden sind organisierter Massenmord zur höheren Ehre des Protokolls". Präsident Knigge, warmherzigster Freund und Förderer unserer Verhaltensbeobachtungen, begeisterte sich beim Anblick unserer gemeinsamen Schützlinge: „Wir fangen sie und sperren sie den Jagdtag über ein!" – War leichter gesagt als getan.

Daß Abschuß sein muß, daran besteht bei der hohen jährlichen Vermehrungsrate des Schwarzwildes kein Zweifel. Mein lieber Freund, der Gründungspräsident der SHG Egge/Ost Werner Klotz, wirbt von derselben Zeit an unermüdlich für den pfleglichen Selektionsabschuß im Gegensatz zu dem rein zahlenmäßigen Reduktionsabschuß auf Treibjagden, bei dem erfahrungsgemäß die schwersten Ansprechirrtümer unterlaufen und die schlimmsten Sünden wider die Weidgerechtigkeit begangen werden. Da hat dann so ein schwarzes Schaf, das immer darunter sein kann, mal was vom Vorhalten beim Schießen auf flüchtiges Wild gehört und verursacht in seiner Unfähigkeit und Verantwortungslosigkeit den schöpfungsschändendsten aller Unglückstreffer: Gebrechschuß! und das gotteslästerlichste, schmerzensreiche, elende Verhungerungsende eines so hochintelligenten Tieres.

Schwarzwildexperte und Buchautor Klotz verlangt nicht mehr und nicht weniger als die Achtung der ehernen Gesetze und Befolgung der unumstößlichen Gebote der Weidgerechtigkeit, die jedem anständigen Jäger heilig sein sollten. In ihm haben die liebenswerten Sauen ihren derzeit engagiertesten Anwalt und Vorkämpfer für eine gerechtere Behandlung gefunden. Seine Devise lautet: „Schwarzwild bewirtschaften und nicht bekämpfen!" Ausgehend von der verhaltenskundlichen Erkenntnis, daß mehrere Familien einen Rottenverband bilden, – nach meinen Erfahrungen immer so um 20 Stück – erhebt er die Forderungen: „Einzeln gehende Stücke ganzjährig zu schonen; grundsätzlich alle mittelalten Stücke zu schonen; aus der Rotte nur jeweils das schwächste Stück zu erlegen; unbedingt alle Leitbachen zu schonen."

Es wachsen aber – bei ständig schrumpfenden Revieren – immer neue Jungjägerjahrgänge heran, denen der Drückefinger auf den einzeln anlaufenden vermeintlichen Keiler – in Wirklichkeit die auf Vorposten geschickte, erfahrene Leitbache des Rottenverbandes – leicht allzu locker sitzt. Wie manchen Abend habe ich eine unserer lieben führenden Bachen als Kundschafterin allein antrollend erlebt. Klotz warnt daher: „Es kann also nichts Schlimmeres passieren, als daß die Leitbache zur Strecke kommt!" Immer wieder legt er überzeugend den unbestreitbaren Nutzen des Wahlabschusses gegenüber dem Zahlabschuß dar: einen biologisch intakten Altersklassenaufbau mit nur einer – und zwar zeitgemäßen – Rauschzeit im Winter und nur einer –zeitgemäßen– Frischzeit im Frühjahr. Bricht der Rottenverband zusammen, ist der Fortpflanzungsrhythmus unterbrochen und gestört. Unerwünschte Frischzeiten sind die Folge. Das Durcheinander ist programmiert. Von seinen Vortragsreisen sagt der Experte nicht ohne Humor: „Darum ziehe ich als Obmann der beschriebenen Schwarzwildhegegemeinschaft wie ein Wanderprediger durch die Lande, um als Referent bei vielen Kreis- und Landesgruppen den Jägern die neuesten Erkenntnisse über unser Schwarzwild zu vermitteln". Soviel über die Wege und Ziele des Autors Werner Klotz.

Schwarzwildexperte Werner Klotz,
Autor der Bücher „Sauen – Sauen – Sauen" und „Lebenskeiler fallen nicht vom Himmel"

Seelenfrieden

Dem Forstamtsleiter, Herrn Oberforstmeister Alfred Steinhoff, schrieb ich einen herzbewegenden Brief. Auf diesen Brief in der Brusttasche klopfte er, als er mich am Sonntag darauf von der Orgelbank abholte. Ergebnis unserer Beratungen: Kennzeichnen! Dann werde er vor versammelter Schützengesellschaft verkünden: „Wenn Gekennzeichnete im Treiben vorkommen: Drückefinger gerade!"

Von Stund an war eine Zentnerlast von mir gewichen. Als ich an diesem denkwürdigen Abend nach dem Füttern von unseren Lieblingen Abschied nahm, war soviel Frieden in mir wie seit langem nicht. Der Mond schien, ein leichter Rauhnebel wob im hohen Bestand, und Myriaden schwebender Lichttröpfchen erfüllten die stille Luft. Da kam es wie von selbst von meinen Lippen: „Füllest wieder Busch und Tal still mit Nebelglanz, lösest endlich auch einmal meine Seele ganz..."

Bis zur Hubertusjagd hatte ich 17 Tage Zeit, guten Rat einzuholen: bei den Herren Oberforstmeister Steinhoff, Tierarzt Dr. Busse und Herzogl. Präsident Knigge persönlich; brieflich bei meinem alten, großen Freund und Gönner Wildmeister i. R. Karl Zorn und anderen Experten: Prof. Dr. Dr. h.c Grzimek, Dr. v. Braunschweig, Dr. Fr. Türcke und der Schutzgemeinschaft Deutsches Wild. Freundlich und bereitwillig erhielt ich die verschiedensten Auskünfte, die aber allesamt nicht so leicht in die Tat umzusetzen waren.

Irreparable Corneaverkrümmung

Je länger desto mehr bekümmerte uns, daß Benjamin auf seinem rechten Auge blind war, ein Unglück, das ihm einmal zum Verhängnis werden konnte. Am 22. Oktober zogen wir unseren allzeit hilfsbereiten Dr. med. vet. Busse, der schon beim Oberforstmeister einen kranken Hirsch kuriert hatte, zu Rate. Es war der letzte spätsommerliche

Sonntag im Gilbhart, ein bißchen abschiedswehmütig, aber golden-sonnig. Als wir am Parkplatz aus dem Auto stiegen, erste Frage: „Und die Pflaumen?" – Zu Hause! Vergessen! Höchst ärgerlich. Auf dem Wege zur Kanzel hörte ich es an der großen Blöße rascheln. Am Parkplatz erschien – respektlos! – ein Auto. Bog – noch respektloser – ein! Fuhr doch tatsächlich bis zu uns an die Kanzel! Kurbelte die Scheibe herunter und reichte uns die Tüten mit Pflaumen heraus: Herr Werner Kraft, der Retter! Glücklich sahen wir ihm nach, wie er über die Rasenbrücke nach Hause fuhr.

Als ich mich umdrehte, stand Benjamin schon am Rande der Blöße in den gilbenden Schmielen. Ich rief ihn beim Namen, er kam in großen Sprüngen herbei und war so vertraut, er hätte sich auch ohne die süßen, saftigen Leckerbissen vom lieben Tierdoktor alles willig gefallen lassen. Nur als der einmal testeshalber pfiff, setzten sich alle für kurze Zeit fluchtartig ab.

Die Diagnose lautete: Hochgradige Corneaverkrümmung, irreparabel. Im Frühstadium hätte vielleicht geholfen werden können – durch ein Röhrchen das heilsame Pülverchen ins Auge pusten; aber da hatte er sich noch nicht anfassen lassen.

Das war der letzte Abend, an dem sie sich uns noch bei bestem Lichte gezeigt hatten. Von da ab versanken unsere Zusammenkünfte in Dunkelheit, ja, Stockfinsternis – die wenigen, dann allerdings zauberhaften klaren Vollmondnächte ausgenommen. Bis wieder die Glühwürmchen ihre stillen goldenen Bahnen durch die Waldnacht zogen...

Reaktionen

Fremde Stimmen und unbekannte Laute nahmen unsere Handzahmen nach wie vor übel. Von ihrem fünften Lebensmonat an hatte ich mich ihnen mit Besuchern zwar vorsichtig nähern dürfen, ihnen den „neuen" Menschen aber immer als unseren Freund vorstellen, sie mit ihm bekannt machen müssen, wie man fremde Gäste bei klugen, wachsamen Hunden einführt. Mich hatten sie bisher noch nicht wie ein Rottier mahnen, den Doktor noch nicht pfeifen hören. In beiden Fällen waren sie von uns abgerückt.

Und schreckhaft reagierten sie auch den Sonntag darauf auf die ihnen unbekannten Vogelstimmen.

Bei der letzten Handvoll hörte ich das Geschwader von ferne kommen, verloren und einzeln rufend erst – Kraniche, die reisigen Boten des nahenden Winters. Sie zogen so niedrig, daß ihre breit klafternden Schattenbilder sich unter dem aufgerissenen silbrig-goldenen Wolkenhimmel klar abzeichneten. Meine Betreuten warfen sichernd auf, stellten das Mahlen ein und die Teller steil und horchten. „Das sind Kraniche", sagte ich, wissend, daß sie das Wort nicht verstanden, „das müßt Ihr noch lernen, Ruhe – Ruhe – Ruhe"; den

Borstenbärchen, Benjamin, Mauseöhrchen, ganz links der „Säugling"

Friedensgruß kannten sie ja. Als aber das Reisegespräch direkt über ihnen in den Lüften zu lautem, geisterhaftem Geschrei anschwoll, blies Wuffchen zum Aufbruch, und ich stand allein. Nachdem wieder Stille eingekehrt war, kam einer nach dem andern hervor.

Beim nächsten Vollmond ertönte von der Waldstraße eine Frauenstimme, die viel zu oft und viel zu laut „Benjamin!" rief. Da folgten sie mir in verschwiegenem Einvernehmen in den Schutz der Dickung und verhielten sich dort, mich in ihrem Kessel mitwärmend, geschlagene zwei Stunden mucksmäuschenstill, bis die ungebetenen Besucher des Wartens auf der kalten Kanzel überdrüssig geworden und fortgegangen waren. Über diesen Streich haben wir uns damals diebisch gefreut und freuen uns noch heute darüber.

Liebenswerte Racker

Am 6. November nach dem Füttern versuchte ich es zunächst mit dem einfachsten, aber ungeeignetsten Kennzeichnungsmittel eigener Idee: Ich klebte Benjamin, Mauseöhrchen und Borstenbärchen Leukoplastpflaster aufs Blatt. Auf dem Heimweg rollte eine graue Kugel über den Pirschsteig, ein Igel, den wohl die Wildschweine aus dem begonnenen Winterschlaf gestoßen hatten. Um ihn dem Edithlein zu zeigen, schob ich ihn in den Eimer, pflückte von einem Reiserhaufen ein Polster dürren Laubes, damit er weich und trocken läge, und natürlich war mir klar, daß ich ihn trotz der späten Stunde und des weiten Weges wieder an Ort und Stelle zurücktragen würde. So geschah es dann auch. Es war eine dunkle, windstille Nacht. Nur auf der Waldstraße lag ein mattsilbriger Schimmer. Beim Übertritt von der Straße an den kleinen Fleck Binsen, der sich pechschwarz von dem allgemeinen Grauschwarz der Umgebung abhob, roch es würzig nach Sauen. Also waren sie noch einmal dagewesen, und die unbewegte Luft hatte ihre Witterung festgehalten.

Ich blieb eine Weile stehen und lauschte – weit und breit kein Laut. Nicht einmal der Waldkauz rief. Beim nächsten, nur begonnenen Schritt zerriß ein „Unisono-Wuff" wie eine Explosion die Stille! Drei spritzen in den Altbestand, drei in die Eichendickung und einer über die Straße.

Da hatte ich mit den Stiefelspitzen unmittelbar vor ihren Nasen gestanden, und die Schwerenöter, die Schlingel, die lieben Racker, die mich natürlich längst hatten kommen hören, mich regelrecht auflaufen lassen, selbst in dieser schwarzen Nebelungsnacht noch auf Deckung und Tarnung in der kleinen Binseninsel bedacht. Woher „wußten" sie das? Und hatten sich, in der festen Erwartung der üblichen liebevollen Begrüßung, mucksmäuschenstill verhalten, minutenlang, bis ihre Hochspannung und Tiefenttäuschung sich in dem explosiven „Wuff" und wilder Flucht entluden.

So weit waren sie mir noch nie „entgegengekommen".

Nachdem ich den Igel mit vielen frommen Wünschen ausgesetzt hatte, empfingen mich alle sieben an der Friedenskanzel und bekamen nun für ihren zweiten, wieder so disziplinierten Streich die Belohnung.

Benjamin trug am übernächsten Abend noch eins der Pflaster. Die beiden anderen hatten ihre Aufkleber verloren.

Es spukt

Eines Regenabends, als ich zur Kanzel ging, huschte ein Lichtschein über die Brüstung. Sinnestäuschung? Irrtum? Ich richtete die Stablampe nach oben. Nichts Verdächtiges. Im Weitergehen leuchtete ich vor mich hin. Da – wieder glitt der geisterhafte Schein über die Buchen, diesmal in halber Höhe, und erlosch! Man sollte sich eben doch nicht immer von derselben Seite und mit der gewohnten Sorglosigkeit einer Kanzel nähern – weiß man, wer oben sitzt? Ich hatte noch nicht ausgedacht: zum drittenmal der geisterhafte Blitz! Wer lag da in der Dickung auf Lauer, um mich zu äffen oder das Gruseln zu lehren? Auf der Kanzel war soweit alles in Ordnung, nur: ein Eimer mit Eicheln zur Hälfte geleert. Also ein Dieb?

Karins Kommentar zu meinem Bericht: „Du siehst Gespenster! Wer ist denn so verrückt, sich in stockfinsterer Nacht bei strömendem Regen in der triefnassen Dickung auf Lauer zu legen, bis du irgendwann kommst oder nicht, um Schabernack mit dir zu treiben?"

Abspüren, nach einer fremden menschlichen Sohle, war in dem Matsch nicht möglich; es gab auch keinerlei Anzeichen geplanter Wilddieberei. Der nächste Abend brachte die Erklärung. Diesmal war es ein Gespenst mit weißem Haupt. Im Stehen wiegte ich mich ein wenig vor, ein wenig zurück – und hatte mit der Taschenlampe einen ‚Totenschädel' an die Leiterbuche genagelt: einen menschenkopfgroßen Schleimpilz! Der Einfallswinkel ist gleich dem Ausfallswinkel; der von einer Pfütze reflektierte Lichtstrahl hatte mir hoch oben einen solchen Geisterreigen vorgegaukelt.

Sternenstunde

Die erste der gefährlichen Treibjagden sollte am 11. Dezember stattfinden. Nun wurde es ernst mit dem Kennzeichnen. Die 30 Jahre alte, unverwüstliche, immer noch schöne Winterschwarte meines Erstlingsüberläufers mußte herhalten, um bei Regen, mit dem man ja immer rechnen mußte, die Deckborsten mit Zellstoff abzutrocknen und einen bierfilzgroßen weißen Fleck aufzutragen, anfangs mit dem Viehzeichenstift Raidl, später mit Nitrolack. Und natürlich durfte man die Aktion nicht bis zum Vorabend der Jagd aufschieben. Nachdem wir alles besprochen hatten, sagte der Oberförster in heiterer Gelöstheit: „Und nun wollen wir uns noch den Keiler ansehen!" Es sagte das so, als hätte er ihn bestellt. Ich zweifelte: „Wo ich ihn seit seiner Rückkehr ganze vier-, fünfmal gesehen habe?"

Aber wir hatten Glück. Noch während ich unsere Gaben verteilte, hopsten die Frischlinge mit vertrautem „Bellen" heran und traten auf Zureden näher. Bis auf den Vater Keiler war die ganze Familie vollzählig, und der kam nicht etwa, der war auf einmal da und räumte die Futterplätze der Reihe nach ab. Zuletzt, auf der Grabenböschung,

hatten wir ihn nicht weiter als von der Herrenzimmertür bis zum Schreibtisch. Sein Gewaff, vor allem die starken, gut gerillten Haderer präsentierten sich besonders vorteilhaft, wenn Attila halbspitz von hinten stand. Wie alt, war die Frage, die wir in Zimmerlautstärke vor ihm erörterten. Der Keiler nahm keine Notiz davon! Seit Jahr und Tag kannte er eben unsere Stimmen, und an dem Abend war er vielleicht besonders gut gelaunt. Eine Sternenstunde für Heger und Jäger!

Plötzlich stand an der Dickung ein anderer Keiler, höher, und in den Konturen gröber. Dieser Unterschied wurde noch deutlicher, als der Basse nach langem Sichern an uns vorbeizog, erregt mit dem Pürzel peitschend und mit erhobenem Wurf Wind nehmend.

Hochbeglückt von dem unerwartet doppelt guten Anblick traten wir die Heimfahrt an.

Keilerkampf

Der nächste Abend brachte eine ungeahnte Steigerung. Diesmal saßen meine Frau und ein Bekannter auf dem Stubben, ich auf der untersten Leitersprosse. Da horch, ein Rauschen vom Weserhang her: Mutter Jutta mit ihren vier Töchtern! Die Söhne gingen wohl schon auf Freiersfüßen. Sogar Attila stellte sich ein, und wieder wie am Abend zuvor trat der schwarze Basse aus und zog auf haargenau gehaltenem Wechsel im Altbestand um uns herum und hinter uns in die Dickung.

Im nächsten Augenblick war auf dem Grabenrand ein rasender Wirbel schwarzer und silbergrauer Massen im Gange, die Haupt an Haupt aneinander hochbäumten, sich die Flanken abzugewinnen trachteten und voll Ungestüm Hiebe austeilten. Falläste krachten, Zweige brachen, der überfrorene Boden dröhnte, und obgleich das zyklopische Aufbrüllen eines der Kämpen uns in einer Weise durch Mark und Bein fuhr, daß wir drei gleichzeitig aufsprangen, konnten wir Männer es nicht unterlassen, die wenigen Schritte bis an den Graben zu wagen, während Karin, sehr stabil und sonst nicht bange, ihr Heil an der Kanzelleiter suchte. Ebenso jäh, wie der Kampfeslärm aufgeflammt war, umgab uns wieder tiefe, winterliche Waldesstille. Wie ein Spuk hatte sich das wilde Getümmel in nichts aufgelöst. Wir konnten uns nur wundern, wie es den Rivalen gelungen war, so lautlos das dichteste Dickicht zwischen unsere Begierde und ihren Abzug zu legen. Hier mußte etwas Fürchterliches geschehen sein. Aber wenn keiner am Platze geblieben war – in all dem Rauschzeitdurcheinander eine Winternacht lang mochte am Morgen gar nichts mehr festzustellen sein. Verstört kehrten einige unserer Freunde zurück. Jetzt erst bellte der Fuchs ob der Störung.

Der weiße Punkt

Der Sonntagabend galt der Kennzeichnung und fand, wie befürchtet, bei strömendem Regen statt. Es wäre kein Wunder gewesen, hätten uns unsere Lieben im Stich gelassen. Aber sie kamen, pünktlich und treu. Und treu halfen das erstemal noch alle mit: der Oberförster, seine Frau, ein Revierförster und Karin. In der Folgezeit waren es wir zwei oder ich war auf mich allein angewiesen und hätte dann viele Hände gleichzeitig brauchen können: eine zum Leuchten, eine den nassen Pelz abzutrocknen, eine das Schraubglas zu halten, dessen Boden nur millimeterdünn bedeckt sein durfte; eine zum Malen und die Deckborsten durchzukämmen, damit sie nicht strähnig zusammenkleben; eine, gebrauchtes Gerät lieblingsicher abzulegen; und vor allem eine, um sie „bei Fuß" und Laune zu halten. Man mußte verhindern, daß sie stritten, und daher weitläufig streuen, es durfte kein Tropfen Farbe zur Erde fallen – und manchen Kennzeichnungsabend habe ich rein vorsichtshalber ein Stück Waldboden abgetragen und im Rucksack nach Hause geschleppt. Die ganze Prozedur mußte auch noch schnell vonstatten gehen und bei dem stechenden Geruch des Lackes von ihnen fort, mit Nackenwind, während sie instinktiv immer gegen den Wind stehen wollten. Endlich mußte man mit beiden Händen schützend Wärme abstrahlen, um die Trocknung zu beschleunigen, damit die Markierten sich die frische Farbe nicht gleich am nächsten Baum wieder abstreifen konnten. Aber es gelang: Der weiße Punkt ging durch den Wald... Und welche Freude dann, wenn am Abend nach der Jagd, spätestens am nächsten Abend, unsere Schützlinge in stummer Erwartung am Dickungsrand standen mit vom Regen blankgewaschenen, schneeweißen „Bierfilzen" auf dem Blatt! Es fehlte in der Tat „kein teures Haupt"...

Der Glimmerbaum

Am 15. Dezember blieben sie zum erstenmal aus. Am 16. goß es, und natürlich sah ich wieder kein Wild. Aber ich erlebte ein Wunder, eines der vielen Gotteswunder in meinem Leben. Eben noch war der Regen an Stämmen, Ästen und Zweigen heruntergeronnen, als sollte der ganze Wald ersaufen – was rauschte da, nach kurzer Wetterpause, wieder heran, eine neue grobe Bö? Nein, Wind! Schneidender Nordost, ein plötzlicher Wettersturz! Und als ich mich nach dem Verteilen des Futters an einem Heister aus dem Graben ziehen wollte, blieb die Hand daran kleben wie die leckende Bubenzunge an der vereisten Pumpe. Überrascht sah ich auf – und schaute voll frommen Entzückens das Wunder! Der Frost und der aus den Wolken tretende Mond hatten die Krone einer Jungbuche mit Myriaden von Silberfunken geschmückt und vor dem nachtblauen Firmament der Lichtjahre fernen ewigen Sterne eine nahe, vergängliche, märchenhaft glitzernde Sternenwelt geschaffen. Bei der geringsten Änderung des Blickwinkels ging ein anderes Glitzern über den Baum, erloschen die kristallenen Heerscharen der soeben bewunderten irdischen Sterne und zündeten sich ebenso blitzartig Abermillionen neue an: ein Glimmerbaum, ein Weihnachtsbaum, wie es noch nie einen gab! Auch ihn verdanke ich außer der Güte Gottes unseren zahmwilden Lieblingen; ohne sie wäre ich bei dem Hundewetter zu Hause geblieben.

Neue Sorgen – neue Treue

Jutta und ihr Nachwuchs waren seit Tagen überfällig. Weil damit die Kennzeichnung ausfiel, waren die Frischlinge abschußgefährdet. Der Oberforstmeister empfahl: „Wenn Sie unsere Schützlinge ins Winterlager führen könnten, der Himbeerhang und Ihre sogenannten Bärenklippen sind ein alter, guter Schwarzwildeinstand, der nie getrieben wird. Ja, wer soll sich denn dort die Klamotten zerreißen und die Knochen brechen, da können doch nur Nashörner und Panzerschweine durch!" Von Rauschzeitlaunen abgesehen, hielt sich die Rotte vermutlich in allen Forstamtsrevieren schadlos. So mochte sie allnächtlich eine ansehnliche Runde hinter sich bringen und „bei uns", an der Friedenskanzel in 26, zu den unberechenbarsten Zeiten durchwechseln. Für mich kam hinzu, daß seit drei Jahren das Organistenamt an der Stephanuskirche an mir hängen geblieben war und ich wegen der Proben für Weihnachten nicht abendelang auf unsere lieben Herumtreiber warten konnte. „Wenn ich gehe, kommen sie", sagte Karin siegessicher. An diesem Abend bei hereinbrechender Dunkelheit und Regen bat ich sie, hinter dem so vertraut vor uns her ziehenden Zehnender allein weiterzuziehen; ich setzte mich einen Wegkilometer vor der Friedenskanzel auf der hohen Böschung der Waldstraße an. Nach einer Stunde vernahm ich vom 350 Meter gegenüberliegenden Hang ein vielläufiges Marschmarsch im gefrorenen Fallaub herunterkommen. Der mit dem Ohr geschätzten Anzahl nach konnten es die Unsrigen sein. Der Anmarsch verlangsamte, das Geraschel erstarb. Aha, nun wunderten sie sich, daß sie hier schon Wind von mir bekamen! Was tun, wenn ihnen jetzt einfallen sollte, zu mir herüberzukommen? Unsere Vorräte standen, gegen Nässe, Mäusezahn und Häherschnabel wohlgeschützt, in sauberen Marmelade-Eimern unter den Bänken der Friedenskanzel. Gottlob, das Geraschel setzte wieder ein, nunmehr in vertrautem Ziehen, und verlor sich im Widdergrunde, programmgemäß.

Als Karin mich nach der Quempas-Probe empfing, ergab sich folgender Dialog: Heute waren sie da! „Ja!" Sie kamen bei dir um 19^{10}! „Stimmt auf die Minute." Und zwar von 57 herüber! „Genau!" Sie waren auch ziemlich vollzählig. „Ja", lachte sie nun, „wozu schickst du mich denn da, wenn du sowieso schon alles weißt? Und Borstenbärchen hat wieder auf Benjamin geritten – ein unheimliches, groteskes Bild, das hohe, zweiköpfige Fabelwesen, das sich wie ein vorweltliches Ungeheuer lautlos auf sechs Beinen in den Wald hinein bewegte!" –

Drei Abende vor Weihnachten wartete ich dann selbst auf unsere Getreuen. Es war nicht kalt, die Nacht, bei verschleiertem Himmel, mondhell, und ein feiner, glitzernder Rauhnebel wob wie weihnachtlich schimmerndes Engelsgewand in den Räumen des alten Buchenbestandes. Ein Käuzchen fußte auf der jungen Eberesche am Dickungsrand. Nach einer Stunde kam die Rotte aus dem Widdergrund, ein Stück den Wurf am Pürzel des anderen, mit gesträubten Federn, was die Frischlinge fast zwei Handbreit höher erscheinen ließ. Auf leise, liebevolle Anrede traten sie aus der Dickung. Allmählich ließen sie sich bewegen, mir aus den Händen zu fressen, ließen sich streicheln und klopfen, je herzhafter, desto lieber, und mit dem Raidlstift erneut kennzeichnen. Nun hieß es „am Ball bleiben"!

Langer erster Ferientag

Den ersten Ferientag verbrachte ich vom Morgengrauen bis zum späten Nachmittag im Walde. Es stürmte, regnete, graupelte, schneite. Als Schneemann kam ich heim. Mittag und Kaffee wurden in einem genommen. Das Thermometer fiel mit Macht. Herr Revierförster Kreß, der mich hatte hinauffahren wollen, war verhindert. Also machte ich per pedes, mit frischer Futterlast, nun zum zweitenmal den Weg zum Heidelbeerkamp. Ich umging die Dickung von der Waldstraßenseite und roch sie erst einmal ab. Vom Parkplatz bis zur Friedenskanzel alles voller Fährten, aber keine Sau. Ja, die Verspätung! Die Enttäuschten pflegten sich nicht lange aufzuhalten. Ich blies das Luftkissen auf, setzte mich auf den Buchenstubben, rief ein-, zweimal „Benjamin!" und faßte mich in Geduld. Just als mir fußkalt geworden war und ich mich erhob, trollte aus dem Wintertal eine Rotte in die Südspitze der Dickung – mehr als unsere acht! Die Fremden, die wir die Hunnen nannten, mit ihrem Herrscher Attila? Geräuschvoll warf ich ein paar Handvoll über den Graben. Vergebens! Nach 20 Minuten schaffte ich den Rucksack auf die eisgepanzerte Kanzel und wandte mich zum Heimweg. Als ich an dem schneeverwehten Rasenbrücklein war, meinte ich den Schrei einer streitenden Sau zu hören – und richtig: auf dem verschneiten Bärlappteppich nahmen sie die ausgeworfenen Eicheln an. Zwischen Graben und Kanzel war gerade ein bißchen Turnier im Gange. Zorniges Aufbrüllen! Attila und der Silbergraue? Ich fragte mal an, in ihrer Sprache. Ein kurzes Aufwerfen, Sichern, schnell rotteten sie sich auf einen Klumpen zusammen – und dann ab wie der Feldmarschall Blücher über die Katzbach unter heftigem Blasen! Also die Fremden. Ich hatte Alarm gegeben.

Beim Weggang von daheim hatte ich Karin vorgerechnet: „Um 19^{00} Uhr bin ich oben, vielleicht erwarten sie mich schon; eine Stunde hüte ich sie; dann kann ich um 21 Uhr wieder zu Hause sein."

Und nun ging es hier schon stark auf zehn Uhr zu. Damit brach an, was wir die Fuchsenstunde nannten. Die allnächtliche Runde des ranzenden Rüden war mit dem Ohr genau zu verfolgen, da er in regelmäßigen Abständen bellte. Je nach Windrichtung ging sie entweder von den Steinbruchklüften aus und führte über die zwanziger und dreißiger Jagen durch 44 nach 69 hinüber, oder sie nahm ihren Anfang in 69 und ging über die fünfziger Abteilungen in den Himbeerhang und die Bärenklippen zurück. Hungriger Reineke auf Freiersfüßen – und der schneeluftmüde Waldmensch sehnte sich nach den Federn und gähnte herzhaft. Aber ehe ich auf die Waldstraße kam, änderte ich meinen Entschluß und hinkte, einen Fuß tief im Fahrgleis und den anderen hoch auf dem Deichselrain, in das geröllreiche Wintertal hinab.

Drunten spürte sich erwartungsgemäß der Bellfuchs. Im Schatten der Altfichten des Zweiten Kopfes flüchtete Hochwild hangauf – Rotwild? Nun trollte es auf eine vom Vollmond beschienene Lichte heraus: Sauen! Unwillkürlich rief ich: „Benjamin"! In der ihnen wohlbekannten, melodischen Terz. Augenblicks Verhoffen – Stutzen, drei Stück lösten sich aus der Rotte, schwenkten ein, hielten schnurstracks auf mich zu; ein viertes folgte. Diesmal waren sie's, und heute und hier war es das erstemal, daß die Getreuesten mir so weit entfernt von dem gewohnten Futterplatz zustanden. Ich spürte den leichten Nordost auf der linken Wange – also hatten sie allein der ihnen vertrauten Stimme Folge geleistet! Schnell waren sie im Schweinsgalopp heran, fielen in Troll, standen erwartungsvoll vor mir, sahen fragend zu mir auf, schnüffelten im Schnee. Nun rächte sich, daß ich den Rucksack auf der Kanzel gelassen hatte! Hoffnungen hatte ich erweckt, unsere Freunde gerufen – und hatte ihnen nun nichts zu bieten als den liebevollsten Wortwillkomm und schöne Versprechungen! Die ungewöhnlich günstige Gelegenheit, sie von einem auf den anderen Tag mit einer neuen Futterstelle fern der jagdlichen Gefahrenzone vertraut zu machen, aus Bequemlichkeit vertan!

Es sind Grenzen gesetzt zwischen Mensch und Tier, der Schöpfer hat es so geordnet. Zuweilen aber scheint es Brücken des Verstehens und des Vertrauens zu geben, unerschütterlichere als von Mensch zu Mensch. Auf dem Stiefelabsatz kehrt, und mit den ermunterndsten Zusicherungen, nicht anders als man erwartungsvolle Kinder vertröstet, führte ich meine willige Gefolgschaft im Sturmschritt, streckenweise im Dauerlauf an dem Ersten Fichtenkopf vorbei durch den Widdergrund – begleiteten sie mich noch? Ja, sie wußten, wohin! Die letzten dreihundert Meter spritzten sie mir schon freudig voraus. Der Eispanzer der Kanzel zerbrach zum zweitenmal wie Glas, und ich hatte mir den Schweiß noch nicht von der Stirn gewischt, da traten meine Lieben schon aus der winterlichen Laubholzdickung. Ich setzte mich auf die unterste Leitersprosse und fütterte sie aus beiden Händen. Auch unsere gute, mutige Jutta fand sich ein mit zweien ihrer schon recht stattlichen Söhne, einer davon Schneeweißchenbär, dem meine Frau im neuen Jahre ohne weiteres das Gebrech öffnen und seine Waffen messen durfte.

Die getreuesten Drei: Benjamin, Borstenbärchen, Mauseöhrchen; links: der Säugling

Plötzlich wurden sie unruhig. Aus dem schneeverwehten Graben guckten bald da, bald dort, schließlich aufgereiht eines neben dem anderen, elf schneebehäufte Teufelsfrätzchen, schwärzer als schwarz, lüstern und neugierig durchs Gezweige, huschten zurück, kurvten zwischen Dickung und Altholz und trieben so ihren richtigen kleinen Hexensabbat zwei Nächte vor Heiligabend – die Hunnen! Die Unseren zeigten nicht übel Lust, die ungebetenen Gäste zu verjagen. Ich redete ihnen aber begütigend zu, und schließlich schmauste die ganze Gesellschaft einträchtig.

Eine halbe Stunde nach Mitternacht stoben alle Hals über Kopf auseinander, die Wilden in den Schutz der Dickung, die Unsrigen nur in die raumen Buchen. Und wer stand da auf dem Pirschsteig, zögernd und offensichtlich betroffen, das nächtliche Idyll gestört zu haben? – „Die Mutti!", rief ich beglückt. Sie hatte den weiten Weg zum zweiten Male gemacht, um ihren überfälligen Mann auf dem Rodelschlitten abzuschleppen. Das erstemal war sie am Rasenbrücklein umgekehrt, weil sie keinerlei Laut vernommen und keine Fußspur von mir gefunden hatte; denn ich war ja auf der Waldstraße um die Dickung herumgegangen. An alles hatte sie gedacht: Jod, Verbandszeug, Bindfaden, einen Cognac, Schinkenbrote und Schokoladenherzen, den Handschlitten aber am Buchenklotz stehen lassen, um sich unauffälliger zu nähern; und nun war das gerade verkehrt gewesen: sie hätte sprechen, sich anmelden müssen! Dessen ungeachtet bekam sie einen extra lieben Kuß. Unsere Schützlinge, von der herzlichen Begrüßung überzeugt, kamen herbei, auch die Hunnen stellten sich wieder ein, und nun saß tatsächlich ein pfirsichbäckiger Weihnachtsengel aus Fleisch und Blut in unserer Mitte und teilte mit mir die Freude über das achtzehnfache nächtliche Stelldichein.

Wer aber für selbstverständlich halten sollte, wir wären zu guter Letzt romantisch und zeitsparend die stille Waldstraße gemeinsam hinunterge-

Weihnachtsbescherung

rodelt, hat weit gefehlt! In beglückendstem Einvernehmen gingen wir auf getrennten Wegen nach Hause, Karin stellenweise rodelnd, ich durchs Wintertal. Am Eichenstubben beim Jagenstein, wo die vertrauensvollen Erwartungen und gottlob nicht leeren Versprechungen einander begegnet waren, schüttete ich auf schnell schneefrei gescharrtem Boden den Rucksack aus und legte oben, im Buchen- Altfichtenhang, aus dem die Rotte gekommen war, eine neue Futterstelle an. Ich war mir sicher, daß unsere Schutzbefohlenen meiner Spur folgen und die frische Körnung annehmen würden. Mit dieser, unserer späteren „Mittelfütterung", war der vortreffliche Rat des Oberforstmeisters schon weitgehend in die Tat umgesetzt.

Zu Hause in der dritten Morgenstunde machten wir uns über die schon fertigen Feiertagsvorräte her: kalten Entenbraten, Hasenrücken, geräucherte Gänsebrust, prosteten uns mit Grog und Glühwein zu und schlossen auf gut schlesisch mit Kaffee und Mohnkuchen. Damals lebte unsere liebe Mutter noch, die trotz ihrer 88 Jahre den von uns angerichteten vorfestlichen Flurschaden mit Umsicht, Rat und Tat aufs vollkommenste wieder ausglich.

Heiligabend neben der Handgranate

Den Heiligen Abend feierte ich mit ihnen bei klarem Vollmond und Schnee zwischen Christvesper und Mitternachtsgottesdienst an unserem Treffpunkt von zwei Abenden zuvor. Sogar Attila fand sich ein und von den drei Keilerchen der prächtig herangewachsene Schneeweißchenbär. An dieser Stelle, wo ich oft auch mit Karin und Edith nichtsahnend gesessen habe, fand ich drei Jahre später eine scharfe amerikanische Handgranate, die wie ein erdverschmutztes Tonkrüglein mit Henkel aussah, den Polizeihauptmeister Harrer aber in Alarmstufe versetzte und die sofortige Entsorgung des gefährlichen Fundes einleiten ließ. Nicht auszudenken, was passiert wäre, wenn einer von den 32 bis – einschließlich der Hunnenrotte – 76 Schwarzwildläufen mit vollem Körpergewicht darauf getreten wäre oder beim Brechen den Sprengkörper gezündet hätte!

Glücklich zurückgefüttert

Die klugen Wildschweine hatten begriffen, und nach ein paar Tagen Pendelverkehr zwischen der Friedenskanzel, auf der wir noch Futtervorräte hatten, die sie wittern mochten, und der neuen Stelle hatte die Sache sich eingespielt. Die Vorteile des Altfichtenhorstes lagen auf der Hand: es schneite und regnete nicht so schnell durch, die Rotte lag am Berge windgeschützter und in der Nadelstreu trockener. Deckung hatte sie in den Fichten des Ersten Kopfes und in den Dornenburgen des Himbeerhanges, wir waren viel weiter ab von der Straße – und außerdem sah man mal andere Bäume. Daß die Sauen sich hier heimisch fühlten, war ihnen anzumerken. Waren sie, stets unsichtbar, schon in der Nähe, so brauchte ich nur mal zu husten und sie kamen aus dieser oder jener Richtung herbei.

Der prächtig herangewachsene Schneeweißchenbär

Mitunter aber taten sie fremd und mußten wie ein empfindlicher Besuch erst wieder „warm werden und auftauen"; lagen doch immerhin 23 Stunden oder mehr, sicher auch voller Erlebnisse für sie, zwischen Abschied und Wiedersehen.

Altjahrsabschied

Am Sonnabend vor Silvester war mir vom Morgen an zumute, als stünde mir etwas Besonderes bevor. Nach dem Mittagessen machte ich mich auf, die mir vom Oberforstmeister empfohlenen Uralteinstände zu erkunden: den Himbeerhang, die Wolfsschlucht, die undurchforstete Fichtenkuppe, die wir bald die Fichtenenge nannten, das Winterlager, meine sogenannten Bärenklippen, den steilen Südhang des Gipfels und die Steinbruchklüfte. Zwar verlief der Wechsel dort auf kurzer Strecke gefährlich dicht an dem 20 Meter tiefen Abgrund entlang, er schien aber rege benutzt. Meine sechs Maisnester im Randgestrüpp des Himbeerhanges waren erfreulicherweise angenommen. Der ungeschützte, offene Hang mit seinen ausgedehnten Naturverjüngungen und nur wenigen Samenbuchen, Überhältern, kam als neue Fütterungsstelle nicht in Frage. An eine der Birken gelehnt, überlegte ich – träumte mich in die vorjährige Hirschbrunft zurück, sah im Geiste den ungerührten Hagestolz von Hirsch und den Possenreißer Fuchs mit dem Steckbrief der handlangen weißen Blume, der den alten Achtender auf seinem Wechsel 120 Meter Grasgestell entlang alle zehn Schritte neckend attackiert hatte; saß ein Weilchen auf dem Stamm der windgeworfenen Lärche, ruhte an einem Wurfboden aus, erwärmte mich durch ein bißchen Pirschsteigharken, suchte ebenere Stellen, von denen nicht gleich jede Eichel zu Tal rollen konnte, verteilte Beutel und Aktentasche mit Mais und Eicheln an Aststummeln der Fichtenstämme und war zum späten Kaffee wieder zu Hause.

Der Abend, bei Wind aus Südwest, war mild, und es hatte geregnet. Meine Frau sollte ein uns befreundetes Ehepaar zur Friedenskanzel begleiten; ich stieg auf halber Strecke aus, durchquerte das Wintertal und erreichte den Gipfel der Engfichtenkuppe und meine nachmittags in Aussicht genommene, dreiviertel verfallene Ansitzklafter in dem Augenblick, als aus den Tälern ringsum die Abendglocken den Sonntag einläuteten, was immer ein Erlebnis war. Wenn dann alles still war, nahte ihre Stunde... Da – ein Knistern, Knacken vor mir im Dürrgeäst, leise, aber unüberhörbar. Dann sah ich sie stehen, bescheiden im Hintergrunde, drei mit weißen Punkten auf dem Blatt. Auf meine Einladung zogen sie sich zurück und steckten die Köpfe zusammen. Immer machte es den Eindruck, als hielten sie Rat: Die Stimme war ihnen vertraut – die Stelle neu! Wie ein vielfach preisgekrönter Schweißhund auf der Gesundfährte hatten sie meine verschlungenen Wege vom Nachmittag ausgekundschaftet und mich zu finden gewußt – und mußten nun, vor dem greifbar nahen Ziel, auf das wichtigste, untrüglichste Indiz für meine Person verzichten: die Witterung! Denn weil ich den Gipfel von Süden erstiegen hatte, mußten sie mir mit Nackenwind kommen, was ihnen gänzlich gegen die angeborene Vorsicht ging. Am Ende fiel ihre Beratung doch zu meinen Gunsten aus, und sie nahmen ihre Stammplätze an meinen Knien ein. Ich sprach zu ihnen, streichelte und kraulte sie, der schon verloren geglaubte Schneeweißchenpetz kam pürzelwedelnd herbei, und auch der Säugling stellte sich ein. Aber dann hatte ich im abgeblendeten Schein der Taschenlampe auf einmal – wahrhaftig! – den Keiler vor mir! Auf den Knien zwängte er sich unter der Schranke der zottigen, vom Rotwild geschälten Fallfichte durch, drängte Mauseöhrchen mit sanfter Gewalt, nicht ohne einen Hieb aufs Blatt gelassen und ritterlich einzustecken, von ihrer Maisportion ab und ließ es sich schmecken, daß ihm der Schaum wie Schnee ums Gebrech stand. Bald rechts, bald links blitzte sein respektables Gewaff hervor. Auf zwei Armeslängen vor meinen Augen! Ein-, zweimal trat er um den Fichtenwipfel herum ins Dunkel. Aber jedesmal wieder teilte das mächtige Haupt den grünen Vorhang des zottigen Nadelgezweiges an genau derselben Durchbruchstelle, rutschte er auf den Knien darunter durch und trat ohne Umstände an seinen inzwischen von neuem gedeckten Tisch! Links oberhalb zeigte sich einwandfrei Jutta und mahnte grunzend ihren Anteil ein. In einem geeigneten Augenblick ging ich zum Gestellrand und streute ihr eine Menge Eicheln und Mais.

Der Keiler machte mich darauf aufmerksam, daß jenseits des Tales auf der Waldstraße ein Auto langsam auf und ab fuhr und schließlich hielt – der Wagen, der mich wieder mit nach Hause nehmen sollte. Attila zog sich zögernd zurück, auch meine Getreuesten schluckte das Dunkel. Die Pause nutzte ich, mich von ihnen abzusetzen, nicht ohne den tröstlichen Abschiedsgesang: „Auf Wiedersehen! Auf Wiedersehen!" Im Auto berichtete Karin: „Es war nicht vergeblich. Gleich bei der Ankunft hat uns ein Ungezeichneter in Empfang genommen und ist die ganze Stunde schmausend bei uns geblieben. Und dein Eicheldieb ist entlarvt! Die Gelbhalsmaus kam mit einer großen Eichel im Mäulchen an einem Leiterholm herunter, hielt vor meinen Schuhspitzen an und hat sich mit dem Zeigefinger streicheln lassen. Drei Gepunktete sind aus Richtung der neuen Wildwiese gekommen, ohne anzuhalten in die Dickung eingelaufen, aus der Südspitze raus und im Schweinsgalopp auf deiner Spur vom Nachmittag zu dir hinüber."

1962

Im Januar 1962 wurde Stammbache Jutta immer zutraulicher. Hatte sie bis dahin meist auf Stubenlänge Abstand gehalten, so näherte sie sich am Ende des Monats bis auf einen Meter!

Urvater

Am 14. Januar fuhren wir eine Stunde vor Sonnenuntergang zum Wintertal; wir wollten Vor-

Attila! Die weißen Stellen an den Stubben sind Schleimpilze, kein Schnee!

räte häher-, mäuse- und menschensicher in die Fichten hängen. Nach dem Ausladen legten wir alles auf eine lange Scheitholzbank, um es von dort zum Zweiten Kopf zu schaffen. Ich rief einmal „Benjamin!" und erhielt unverzüglich die lebhaft greinende Antwort. Minuten später waren wir von den getreuesten Drei umgeben. Karin ging zur Mittelfütterung voraus. Als ich zum letzten Mal mit Futterlast zu ihr kam, berichtete sie, ihre Einkreisung durch die Fremden sei schon im Gange gewesen; sie hätten sich aber bei meinem Kommen wieder zurückgezogen. Ich horchte auf. Die Hunnen brachten womöglich Attila mit. Wir hängten die Futtersäcke an einige Aststummel, ruhten auf der zusammengefallenen Klafter aus, und ich geizte nicht mit Eicheln für die zurückgekehrten armen Krummrückigen. Plötzlich zog von links hinter uns der Keiler vorüber, gesenkten Hauptes wie ein angriffsbereiter Stier, mit bleckend entblößtem Gewaff. Wir schenkten uns einen beglückten Blick! Leider hielt Karin das Erscheinen Attilas für den Höhepunkt des Abends und trat bald darauf den Heimweg an. Sie war noch nicht lange fort, da sah ich Attila hinter „seiner" dürren Jungfichte stehen, mit schräg gehaltenem Haupt, wie kritisch-nachdenklich. Dann schlich er, die leibhaftige Vorsicht, näher, erstarrte, den linken, schwarz glänzenden Vorderlauf angewinkelt, den Wurf erhoben, zur Bildsäule. Und wetzte! Ja, der Gute klapperte furchterregend mit den Kiefern! Zorn, Eifersucht, Hunger, Gier, Neid? Endlich schmauste er in der Kulisse der Hunnen. Dabei näherte er sich mir bis auf knappe drei Meter. Unsere Handzahmen warfen des öfteren auf und drängten sich enger an meine Knie. Da ich tiefer saß, hatte ich die nächste Bodenwelle als Buckel gegen den Horizont. Zu jener Zeit war auf der Domäne Brüggefeld ein Bulle ausgebrochen und machte die Einstände unserer Schützlinge unsicher. Das fiel mir nun ein. In diesem Augenblick wuchs der Buckel über sich selbst hinaus und setzte sich in Bewegung. „Der Bulle", durchfuhr es mich. Und dann zog eilig, stumm und lautlos, zum Greifen nahe, über tischhoch, eingefallen und grobkantig, einen langen Streifen weißen Schaumes um die Lefzen, den Pinsel noch tropfnaß vom Suhlen oder vom letzten Beschlag – nicht der Bulle vorüber, sondern ein Hauptschwein, und wollte kein Ende nehmen, mit einem wahren Teufelszagel: der Rivale!

Das Herz, das drei Schläge gezögert hatte, holte sie doppelt schnell wieder ein. Kein Teufel und Waldungeheuer! Dort, hinter der Krüppelfichte, stand der Basse, fürchterlich bärtig um das massige Haupt, mit ausgefransten Tellern, den naßblanken Wurf witternd erhoben, einen Wurf wie eine Untertasse, trat ohne Umstände neben den Vierjährigen und hielt sich dazu, Seite an Seite mit ihm! Wenn ich nicht beide gleichzeitig gesehen hätte, ich hätte es nicht für möglich gehalten. Das war er, der meist unsichtbar gebliebene Urvater, der die knarrende Stimme hatte wie ein brunftiger Hauptschaufler. Wenn der in der Dickung gewetzt und gerufen hatte, war augenblicks die Bühne leer gewesen!

Als sich meine erste Aufregung gelegt hatte, tat mir der arme Teufel mit einmal sehr leid: Er hatte ja nur noch ein Licht, das rechte, und wo das linke sitzen sollte, war eine gut verheilte Höhlung! Das fehlende Licht war ausgeschlagen! Das Kampfge-

Schneeweißchenbär stehen buchstäblich die Haare zu Berge!

tümmel und das zyklopische Aufbrüllen vom 9. Dezember fielen mir wieder ein. War die Einäugigkeit des Bassen einer der Gründe, weshalb die so unterschiedlichen Keiler anscheinend ganz einträchtig nebeneinander schmausten? Urvater konnte den Nachbarn nicht äugen, so genau er ihn wittern mochte, und Attila wagte in Gegenwart seines Betreuers nicht, Streit vom Zaune zu brechen.

Stationen

Ich war nun frei beweglich mit der „Familie". Die Stationen vom vorweihnachtlichen, ersten Treffpunkt an hießen: das Edith-Eck, die Mittelfütterung, die Engfichtenkuppe, das Wintertal, die Wetterfichte, die Dreibuchenpforte, der Hohlweg, der Dreifels, der Wurzelteller oder Wurfboden, der Altarstein, die Meilerstelle und der Quellgrund.

Trauter Mitternachtsbesuch

Zu später Stunde des 26. Januar 1962 saß ich müde und in mich versunken auf der zusammengefallenen Rundholzklafter an der Mittelfütterung und wartete auf die Unseren – eine Stunde, zwei – und länger. Der Wind ging hohl durch die Wipfel, Eisregen prickelte mir ins Gesicht. Mitternacht... Da fühlte ich mich im Rücken ganz leise von je-

Unsere Getreuesten im Schneetreiben: links fünf, rechts Borstenbärchen, Mauseöhrchen und Benjamin

mand berührt, ein Mal nur, so ganz behutsam angetupft. Im matt aufleuchtenden Schein der Taschenlampe schob sich ein struppiges, nasses, geliebtes Haupt an meinem rechten Arm vorbei und schmiegte sich an – Benjamin! Bald war ich von meiner besten Leibwache umgeben, und wir wärmten uns gegenseitig.

Einsamer Schneeweißchenbär im Schneesturm

Schneeweißchenbär, schneebedeckt und eisverkrustet

Eher gehen?

Am 31. Januar wollte mir dämmern: je später du gehst, desto später kommen auch sie. Also geh eher! So saß ich schon im Abendrot unter den hohen Fichten der Mittelfütterung. Ich hatte mich auf unserer Klafter gerade eingerichtet, als ich die Rotte zu riechen glaubte! Ein Bild trat vor mein geistiges Auge... Jetzt erheben sie sich aus dem Kessel, irgendwo in der viele Hektar großen Naturverjüngung des Weserhanges, wo sie die schöne Südsonne hatten, recken sich, strecken sich, prüfen den Wind – eine warme Wolke, duftend nach Pilzen, altem Eichenholz, Fichtenharz, Pastinak und – ja, Bohnenkaffee wird frei, steigt in die frostklare Winterluft, wird von der Brise aus Nordosten geschlossen herübergetragen, und hier, auf dem Zweiten Kopf, schlägt sie sich nieder. Inzwischen haben sie sich aufgestellt, und auf den Abmarschbefehl der führenden Mutter setzen sie sich in Bewegung... Aber erst 55 Minuten später trafen sie bei mir ein, Luftlinie 400 Meter! Die verantwortungsvolle Bache hatte nur die Dunkelheit abwarten wollen. Es nützte also nichts, eher zu gehen.

Nebelirre

Der 1. Februar 1950 war der Tag meiner Heimkehr aus sowjetischer Lagergefangenschaft. Auf den Tag genau zwölf Jahre später sollte ich noch einmal ungewollt Spätheimkehrer werden. Um 18 Uhr hatte Herr Steinbach mich bis zum Schlagbaumweg gefahren; ich war durch das Wintertal zur Mittelfütterung gegangen, Futter verteilen, und mit ihm wieder nach Hause gefahren. Was mich bewog, um 22 Uhr den Weg noch einmal zu machen, diesmal zu Fuß, weiß ich nicht mehr – die vorherige Kräfteersparnis oder der inzwischen reich gefallene schöne Neuschnee. Unsere Kostgänger traf ich auch jetzt nicht an, sie hatten aber sauber abgeräumt. Um Mitternacht kam dichter Nebel auf, so daß man den nächsten Baum nicht

Die Mittelfütterung, an einem beschneiten Ast hängt der Rucksack

sah. Die Stablampe reichte nur bis zu den Stiefelspitzen. Und so geschah es, daß ich bis eins – zwei – drei – einhalb vier Uhr früh im Kreise oder im großen Oval herumirrte und immer wieder in meine eigenen, im Tiefschnee vorgebahnten Spuren trat. Es war allmählich zum Beklommenwerden, zumal ich müde wurde. Als ich mich schon damit abgefunden hatte, auf einem Stubben oder Stamm den späten Wintermorgen abwarten zu müssen – eiserner Vorsatz: nur nicht einschlafen! – riß der Nebel auf, und ich sah, wo ich war: im Widdergrund, in der entgegengesetzten Richtung zum Heimweg! Um viertel nach vier war ich zu Hause. Karin schlief den Schlaf der Gerechten. Bei einer weniger naturverbundenen und stabilen Eheliebsten hätte ich mir zweifellos eine „schöne" Gardinenpredigt eingehandelt. – Ein Gutes hatte diese späte Frühheimkehr gehabt: Ich hatte, schon nicht mehr weit vom Friedenstal, Sauen streiten hören, und das hatte mich wieder auf den schon öfter erwogenen Gedanken gebracht, sie bis hierher herunterzufüttern.

Am 4. Februar nachts bei dünner Schneedecke folgte Attila mir auf dem Heimweg immer die Straße entlang bis fünfhundert Meter vor die Haustür und bog dann erst in den Friedenstalhang ab.

Immer weiter zurück

Bis zum 16. Februar war die Mittelfütterung Hauptfutterplatz. Auf halber Strecke zwischen ihr und der Waldstraße ragte im Altbuchenbestand eine wohl hundertjährige Fichte, bei der unsere Freunde uns öfter entgegenkamen und wir sie füttern konnten. Für Edith, die immer mitgenommen werden wollte und ihnen von der Frischlingsjugend an Mais, Eicheln und Obst furchtlos aus der Hand anbot, nahmen wir das Kinderstühlchen mit. Da kam es vor, daß einer der Lieblinge beim Suchen nach darunter gefallenem Futter Stuhl und Kind mit dem Nasenrücken anhob. Edith sagte dann nur trocken: „Na, na, na, was soll denn das?"

Von der Wetterfichte ging ich mit ihnen zu der Dreibuchenpforte hinüber, wo das Wintertal in den steinigen Hohlweg übergeht, der zwischen Halde und Dreifels an der ehemaligen Meilerstelle vorbei zum Quellgrund führt. Aus unserer Ansitzecke zwischen den drei Buchen über dem Rinnsal, das auch als Tränke diente, sah man die acht schwarzen Wildgestalten auf der nächtlichen verschneiten Bahn eine hinter der anderen schon von weitem kommen – immer ein wunderschöner Anblick! Hier war es, wo Karin ihrem Freund Schneeweißchenbär ohne die geringste Gefahr für die Hand das Gebrech öffnen und die jungen Waffen messen durfte: „Komm, Schneeweißchenbär, laß mal sehen, wie weit du es schon gebracht hast!"

Im Quellgrund, der am weitesten von der Friedenskanzel entfernten Stelle, streuten wir nur versuchsweise – und siehe da, auch diese vorläufig letzte, entlegenste Fütterung wurde angenommen. Sicherlich trug dazu auch der Wasserfall bei, aus dem sie nach dem trockenen Mais ihren Durst löschen konnten, und außerdem die breite Suhle, deren glatt abgeschliffene Schrägwand verriet, daß ihre Besucher sich seitlich hineingleiten ließen.

Die Dreibuchenpforte, der Eingang zum Hohlweg

Feinnasige Verlorensucher

Es war der 24. Februar. Tiefe Nacht ohne Mond und Sterne. An einem Astquirl in den Bärenklippenfichten hatte ich noch einen Sack Mais und Eicheln hängen, den ich ihnen versprach. Willig und vertrauensvoll begleiteten sie mich – auf ihren Schwarzwild-, auf Rotwildwechseln. Unterwegs erlosch meine Taschenlampe. Nun stand ich droben in der Finsternis, wo ein Baum wie der andere aussah, alles ein Schwarz, man sah die Hand vor Augen nicht und konnte sich jeden Augenblick am Geäst ein Auge ausstechen. Und meine Vertrösteten wo – wo – wo? Waren sie mir enttäuscht fortgelaufen? Nachdem ich lange umhergeknastert war und zahllose Bäume angefaßt hatte, vergeblich und schier verzweifelt, fragte ich: „Bärchen, wo seid ihr?" Leiser Verständigungslaut die Antwort. Sie standen am Fuß einer Fichte zusammengedrängt. Mutlos und müde lehnte ich mich an den Stamm; ich hätte im Stehen einschlafen können. Um den Kopf auf den Unterarm zu betten, griff ich in die Höhe. Und was angelte da die Hand? Den Beutel mit Mais und Eicheln! Da hatten meine scharfsinnigen Verlorensucher mit ihren feinen Nasen längst unter genau der gesuchten Fichte gestanden, während ich verzweifelnd umhergeirrt war!

Im Hohlweg
Bei Schnee Kennzeichnung gelb, Benjamin.
Benjamin kratzt sich, dahinter Borstenbärchen, rechts: Mauseöhrchen (S. 60 oben)

Vor der Halde, gegenüber dem Dreifels

Brüderliche Hilfeleistung

Am 6. März führte ich die drei Getreuesten bei tiefer Nacht und einem Schneetreiben, in dem ich die Augen kaum offenzuhalten vermochte, immer das leise, vertrauensvolle Stapfen als schönste Begleitmusik hinter mir, von der Quellschlucht im Hohlweg hinauf und durch das lange Wintertal aufwärts in den Fichtenhorst vom Ersten Kopf, in dem ich noch Vorräte hatte. Unversehens versank ich bis zur Brust in einem schneeverwehten Rodeloch, aus dem ich, unbeholfen in Großvaters langem schwerem Iltispelz mit dem Schneemantel darüber, ohne Hilfe nicht so leicht herausgekonnt hätte. Die drei Getreuesten, die meinen Rutsch in den Schacht natürlich nicht mitgemacht hatten, standen ein paar Augenblicke wie ratlos oben am Rande des Kraters um mich herum. Dann schoben sie sich behutsam zu mir herunter, versuchten, mit dem Nasenrücken mich aus meiner halb sitzenden Stellung anzuheben, ich griff einem rechts, dem anderen links herzhaft in die langen Rückenborsten, und schon zogen die kräftigen Vierbeiner mich heraus und stiegen dabei ganz rücksichtsvoll.

Schneeweißchenbär, übersatt, streckt sich

... immer das leise, vertrauensvolle Stapfen hinter mir... Benjamin

Werner Franke und „Luise"

Ein frappierend ähnliches Erlebnis hatte 23 Jahre später mein Freund, der Erste Polizeihauptkommissar Werner Franke. Der Ziehvater, Lehrprinz und Rottenführer des Dreigespanns Mensch – Hund – Wildschwein hat mit seiner treuen, nie versagenden Spürbache Luise auf absolutem Neuland Pionierleistungen vollbracht, die niemand zuvor für möglich gehalten hätte, und für das vielfach verkannte und verfolgte, hochintelligente Schwarzwild, das nach dem Nestor der Verhaltensforschung und Nobelpreisträger Professor Dr. Dr. Konrad Lorenz „ganz buchstäblich treu wie Hun-

So kennen ihn alle! Daß er aber auch ein hervorragender Freizeitmaler ist, der das Glanzlicht im Auge des Rotkehlchens nicht ausläßt, wissen wohl nur wenige. (Aus seinem Wandgemälde „Die vier Jahreszeiten")

de" ist, gegen alle Widerstände und Ärgernisse Lanzen gebrochen und Perspektiven eröffnet wie keiner vor ihm.

In seinem Buch „Luise, Karriere einer Wildsau" (Verlag Gerstenberg 1987 S. 98 und Bastei Lübbe 1991 S. 178) erzählt er von Luise: „...Es machte mir Freude, sie so ungestört in ihrem Verhalten zu beobachten. Dabei konnte ich eine weitere interessante Eigenschaft an ihr feststellen. Legte ich mich irgendwo am Wegesrand plötzlich regungslos auf den Boden, dauerte es nicht lange, bis sie heftig blasend angerannt kam und mich merklich aufgeregt und ununterbrochen leise grunzend von allen Seiten beschnüffelte, bis sie schließlich mit ihrem Gebrech vorsichtig meine Stiefel erfaßte und mich wegzuziehen versuchte. Wenn der Druck am Fuß stärker wurde, machte ich dem Spiel natürlich schnell ein Ende, lobte sie und tollte anschließend noch etwas mit ihr herum. Dieses Verhalten behielt sie konsequent bei."

Frankes Schilderung ist so aufschlußreich, daß sie geradezu zwingend einlädt, bei ihr zu verweilen. Luises Eile und ihr heftiges Blasen, untrügliche Anzeichen ihrer großen Erregung, beweisen eindeutig, daß sie um ihren unentbehrlichen Freund in größter Sorge war. Das gründliche „Beschnüffeln von allen Seiten" zeugt davon, wie genau sie es mit ihrer Untersuchung nahm. Das ununterbrochene leise Grunzen dabei mutet fast menschlich wie Selbstgespräch, Befundesbegleitgemurmel an. „Verletzt ist er nicht. Nach Blut riecht er auch nicht; er atmet noch, und sein Herz hör' ich schlagen." So kann ihr leises Vorsichthinsprechen auch Lockton und Gutzureden sein: „Du bist ja gar nicht tot; da verstell' dich doch nicht länger, steh' schon auf und komm mit!"

Als der Patient sich nicht rührte, mag sie, menschlich gesprochen, sich gesagt haben: „Hier kann er doch nicht liegen bleiben!" Folgerichtig hat sie sich bemüht, ihn wegzuziehen. Dabei hat sie ihn aber nicht an Ärmel, Jackenzipfel, Hose oder gar an der Hand angefaßt, von der sie immer liebkost und mit Leckerbissen belohnt worden war, sondern klugerweise und „vorsichtig" – das ist das Wort! – also rücksichtsvoll genau wie die Meinen – am Stiefel. Und das heißt doch nichts anderes, als daß sie bestrebt war, ihn buchstäblich auf die Beine zu stellen. Mindestens beim ersten Schock und die ersten Male dürfte es ihr todernst um die Gesundheit ihres teuren Gefährten gewesen sein; späterhin, aus der Erfahrung, „er spielt ja nur den Toten Mann", eher Aufforderung zu dem obligaten anschließenden Spielchen. – Man wird ja so klein und bescheiden ob solchen Verhaltens. Es mutet ja alles so menschlich im besten Sinne an.

Ein Fürsprecher mehr

Auf das Jahr genau ein Menschenalter – netto 30 Jahre – nach meinem Erlebnis hebt der bekannte Zoologe Dr. rer. nat. Lutz H. Dröscher, im ZEIT-Magazin Nr. 38 vom 11. 9. 1992 die brüderliche Hilfeleistung meiner Getreuen wieder ans Licht – ein Zeichen, daß unsere Grundlagenforschung im Bereich der einschlägigen Wissenschaft noch immer lebendig ist –, sorgt im Mannheimer Morgen Nr. 285/1994 S. 3 und im Goldenen Blatt Nr. 18 vom 27. 4. 1994 für die auflagenhöchste (420 000) Weiterverbreitung des Ereignisses, das – nach ihm – „den Wildschweinen eigentlich ein Delphinimage hätte verschaffen müssen", und berichtet wahrheitsgemäß mit eigenen Worten: „Richard Finke war wieder einmal mit seiner Rotte unterwegs, als er plötzlich bis zur Brust in einem Loch versackte. Bei seinen Bemühungen sich zu befreien, kamen die Wildschweine herbei und schoben sich zu ihm, so daß er sie ergreifen konnte und von ihnen aus dem Loch gezogen wurde."

Herrn Dr. Lutz H. Dröscher sei auch an dieser Stelle herzlich gedankt dafür, daß er mit seinen Veröffentlichungen den besseren Ruf der Wildschweine mehren hilft.

Dr. rer. nat. Lutz H. Dröscher

Attila steigt den Hunnen nach

Die „Hunnen"
In der typischen Schutzformation, die mein Freund und Förderer, der bekannte Schwarzwildexperte Werner Klotz, so erlebte: „... Ich traute meinen Augen nicht: Auf etwa 70 Meter auf freier, mit Schnee bedeckter Wiese, stand eine Rotte Sauen, aufgebaut in ‚Igelstellung'..., die Häupter nach außen ..." Werner Klotz, „Sauen, Sauen, Sauen", Verlag Neumann/Neudamm, 1989, S. 43

Attila bremst vor Herrn Fritz

Borstenbärchen lauflahm

Sechs Tage nach meiner Befreiung aus dem schneeverwehten Rodeloch war einer der Retter, Borstenbärchen, im tiefen Neuschnee fehlgetreten und schonte den rechten Vorderlauf. Am nächsten Abend hatte er die ganze Last des Vorderkörpers auf den linken Vorderlauf verlagert und setzte den rechten überhaupt nicht mehr auf. Damit schwebte er nun in Lebensgefahr, bei verwaschener Kennzeichnung oder bei Nacht als „lauflahm" abgeschossen zu werden. Diese Sorge steigerte sich von Abend zu Abend. Nach acht Tagen gelang es mir zwar festzustellen, daß sich ein Fremdkörper zwischen den Schalen eingeklemmt hatte, doch nicht, ihn zu entfernen. Da mußte wieder einmal meine liebe Frau herbei! Ich leuchtete, sie kniete neben Borstenbärchen nieder, hob ihm den rechten Vorderlauf an wie einem lammfrommen Pferde zum Hufbeschlag, und bevor der Patient zurückzucken konnte, hatte sie mit sicherem, flinkem Finger den scharfen Splitter herausgeschleudert. Von Stund an setzte Borstenbärchen den Fuß wieder auf und lahmte bald nicht mehr.

Stumme Verständigung

Am 16. März wurde ich Zeuge stummer Verständigung zwischen Jutta und Attila. Die Bache, die aus dem Buchengestühl, das wir die Wurzelkrippe nannten, vertraut vor mir schmauste, verließ unvermittelt ihren Stammplatz und zog auf den 30 Gänge oberhalb am Hang sichernden Keiler zu.

Schwarzwild äugt bekanntlich schlecht, vernimmt und wittert aber ausgezeichnet. Da er bei Westwind keine Witterung von mir bekam, verharrte er mißtrauisch und unschlüssig. Lange standen sie Wurf an Wurf voreinander. Es wirkte, als wolle sie ihm etwas Wichtiges mitteilen, ihn überzeugen: Keine Gefahr, kannst getrost nähertreten. Und wirklich gelang es ihr und kamen dann beide zu mir herunter.

Jutta vor dem „Altarstein"

Jutta schmunzelt

Jutta im Zwiespalt

Zuweilen klagte Jutta mit einem hohen Ton leise vor sich hin. Verursachten die Ungeborenen ihr Beschwerden? Am 25. März sah sie mit vier, am 26. mit sechs sichtbaren Zitzen neuen Mutterfreuden entgegen. Trotzdem wurde sie von Attila noch immer umworben – vergebens: sie legte sich einfach auf die Seite, so daß er nicht aufreiten konnte.

Es war keine Seltenheit mehr, daß sie aus ihrer Wurzelkrippe am Dreifels auf doppelte Armeslänge vor uns schmauste. Dennoch unterschied sie uns genau an der Stimme. Ein Jahr zuvor, am 21. 4. 1961, hatte sie im Gegensatz zu meiner Spur, die ihr vertraut war, die Spuren meiner Frau und unseres Töchterchens warnend angerollt, trotz unseres gleichen Nestgeruches. Welch feines Differenzierungsvermögen! Sprach ich nun mit ihr und trat ich auf sie zu, so näherte auch sie sich. Versuchte Karin das gleiche, wich Jutta zögernd zurück und wandte das Haupt von einem von uns zum anderen. Dabei war der „Kampf" zwischen Neigung und Vorsicht, der hinter ihrer Stirn vorgehen mochte, schier mit Händen zu greifen.

Attila läßt sich streicheln

Vom 31. März bis zum 9. April hielt sich Attila sehr vertraut bei den vier nunmehr zu Überläufern herangewachsenen Bachenfrischlingen auf. Am Sonntag, dem 1. April, nachts von 23 bis 23^{05} Uhr schenkte er mir ein unvergeßliches Erlebnis, das erste dieser Art. Ich saß auf dem truhenförmigen „Altarstein" und war so recht von Herzen dankbar und zufrieden, daß ich sie nun „hier unten" hatte, wo ich vier Jahre zuvor auf dem ersten Spaziergang in der neuen Heimat bei den letzten Häusern am Sollinghang kopfschüttelnd, aber irrtumsfrei vor den Fährten von Schwarzwild gestanden hatte. Und wieder waren sie selbst es gewesen, die dem späten Frühheimkehrer am 1. und – der Keiler – dann am 4. Februar den Hinweis gegeben und mir dabei zwei Drittel des alten Anmarschweges erspart hatten! Die Nacht war grau, es regnete und graupelte ein wenig. Mehr in Gedanken als absichtlich streute ich den Rest Mais aus der Manteltasche auf den Stein. Ich sah mich gar nicht um, wer anderes als das beste Fresserchen Borstenbärchen konnte schon noch Appetit haben und mir nachgekommen sein. Leise und liebevoll strich ich ihm über die Igelstirn, einmal, zweimal, ein drittes Mal. Da kam mir plötzlich der Abstand zwischen den Tellern so breit vor, viel breiter als bei dem strammen Borstenbärchen. Ich drehte mich ein wenig um und funzelte mit der Taschenlampe auf das Gebrech meines schmausenden Gastes – ein blitzend Gewaff! – Attila! Auf zwei Handspannen und zwei Fingerbreit, einen halben Meter „Entfernung"!

Bange Wochen

Als die Weinbergschnecke den Winterdeckel ihres Gehäuses dem Frühling öffnete und wieder ans Licht kroch, im Vorholz die Buschwindröschen im Morgenwind nickten, die goldglänzenden Blüten des Scharbockskrautes wie vom Himmel gefallene Sterne das Fallaub durchbrachen und der Sauerklee das Bachufer mit rosigen Blümchen schmückte, blieb einer unserer Gäste nach dem anderen aus.

Am 2. April verschwand Jutta. Ab 7. stellte sich der Säugling nicht mehr ein. In der Dämmerung des regnerischen Abends holten mich meine drei Getreuesten am Wege zur Quellschlucht das letztemal ab und begleiteten mich langsam hangauf an den erstbesten Baum. Auch Attila war jeden Abend da, meist eine Stunde lang. Am 8. April – seltsam, an seinem Namenstage! – fehlte Benjamin. Auch am 9. kamen die übrigen beiden Geschwister ohne ihn. Mauseöhrchen legte sich sofort, wie Karin es ihr beigebracht hatte, zum Kraulen auf die Seite. Am 10. blieben auch die zwei Getreuesten weg. Als sie nach vier Tagen, ihrer üblichen Bummelzeit, nach einer Woche und gar nach einem Monat noch nicht zurückgekehrt waren, steigerten sich meine Sorgen und Befürchtungen. So lange blieb keine Kennzeichnung haften!

Die Frühblüher

Attilas Trittsiegel

In der Mittagssonne des ersten Osterfeiertages, beim ersten Kuckucksruf des Jahres, im Quellgrund sprossen der Aronstab und das Lungenkraut, konnte ich auf trockenem Erdboden, aber daher ohne das Geäfter, Attilas unverkennbares Trittsiegel des rechten Vorderlaufes vermessen und abzeichnen. Es ergab 7,3 Zentimeter in der Breite, 8,9 Zentimeter in der Länge, („Schalen wie ein junger Kaffernbüffel hat er", sagte ein Jahr später Oberforstmeister v. Korn, als der ihm eines Abends am Dreifels auf zwei Meter zusehen konnte.) Am 24. April traf ich Attila früh um 4^{20} Uhr am Dreifels an. Er hielt sich eine halbe Stunde auf und zog dann ganz gemächlich in den dunklen Fichtenhorst.

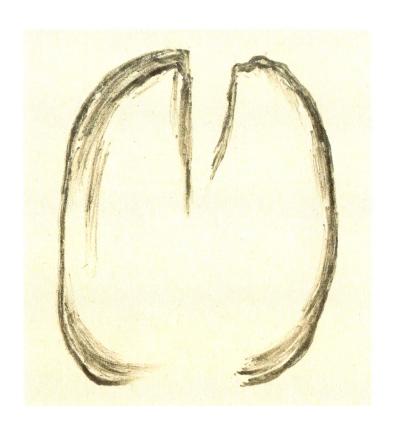

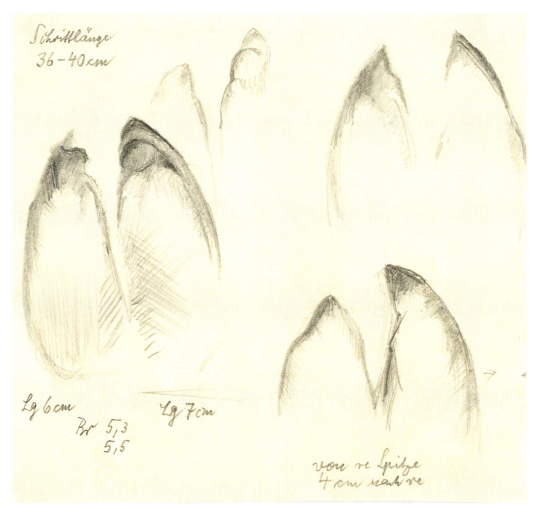

Attila bleckt sein Gewaff

Frischzeit

Am 3. Mai, als die junge Belaubung den Wald schon hellgrün verhüllte, antwortete – o Glück! – Stammbache Jutta vom zweiten Fichtenhorst oberhalb des Dreifels meinem Geratewohl-Anruf und brachte sechs reichlich igelgroße Frischlinge mit. Am nächsten Abend stürmte Mauseöhrchen, gefolgt von drei noch kleineren Winzlingen, die wie die Flöhe sprangen, wie aus der Pistole geschossen auf mich zu, warf sich vor meinen Füßen im Laub auf die Seite, begehrte gekrault zu werden, und begrüßte mich auf diese Art so, wie es sich am 9. April von mir verabschiedet hatte. Da beim Bücken mein Fernglas über ihr pendelte, sprang sie bald wieder auf. Dann säugte sie im Stehen, immer mit einem wachsamen Seitenblick auf uns, ihre drei durstigen Kinder. Auch das immer vorsichtige und zurückhaltende Borstenbärchen, unverkennbar an seinem rassigen Keilerprofil mit dem schön geschwungenen Bogen des Nasenrückens, trollte mit zwei Frischlingen heran, verhoffte aber plötzlich auf zehn Schritte, nahm Wind und machte kehrt. Ihr Verhalten ließ die Vermutung aufkommen, daß sie dabeigewesen war, als die Todeskugel oder was für ein Unglück auch immer ihre Lieblingsschwester ereilte; denn unser lieber Benjamin kam niemals wieder. Sein Vermißtenschicksal blieb ungeklärt. Zwei Reviere weiter soll, wie der Oberförster erfuhr, zur fraglichen Zeit solch ein Überläuferbächlein von einem Gastschützen geschossen worden sein – womöglich angeködert. Falls es Benjamin war, hat jedenfalls niemand auf das blinde rechte Auge – sein untrüglichstes Merkmal – geachtet. Auf den Tag genau ein Jahr hatte das unwahrscheinliche Glück gedauert. An seinem Namenstag war Benjamin ausgeblieben; daß es für immer sein würde, wußten wir da noch nicht.

Der Säugling, kenntlich an seinem Senknacken und dem immer etwas stieren Blick des linken Auges, das im Außenwinkel die weiße Augenhaut hervorschimmern ließ, stellte sich mit einem Frischling ein. Wenn alle vier Familien beisammen waren, führte Großmutter Jutta; sonst aber, von den Töchtern, Mauseöhrchen, welche die meisten Kinder hatte.

Borstenbärchen, regennaß, mit dem späteren Schwarzgesichtel „Kleine Bärin" und Faululi, dem späteren Maxl, und den Kindern der Schwestern Mauseöhrchen (3) und Säugling (1)

Dreifels

Auch hier am Dreifels, dreiviertel Stunden von der Friedenskanzel, eine halbe von der Mittelfütterung entfernt, hatte jedes seinen bestimmten Platz: die Stammeltern an der Wurzelkrippe, Mauseöhrchen auf der Tafelebene zwischen den drei Felsblöcken, der Säugling oberhalb am Hang und Borstenbärchen wieder vor meinen Knien. So hatte ich Überblick und das ganze Bild vor mir. Die Kleinen betteten mit den Vorderläufen wie Rehwild. Niedergetan, den Wurf im Fallaub vergraben, die noch spitzen Teller angelegt, sahen sie mit ihren dunklen Lichtern und runden Bäckchen wie Quartalshasen aus. Beim Schrecken eines Rehes sprangen sie

... immer mit einem wachsamen Seitenblick auf uns ...

augenblicks auf, erstarrten in der vollen Flucht, ein Hinterläufchen noch ausgestreckt, und verharrten in dieser Stellung so lange, bis die „Bache vom Dienst" Entwarnung gab und sie in den Schutz des dunklen Fichtenhorstes führte. In diesem großen Vierfamilienverband versah jetzt immer eine der führenden Mütter den Wach- und Ordnungsdienst, mit dem sie einander ablösten, und wir waren von Abend zu Abend gespannt, wer heute wieder den „Chef vom Dienst" machen werde.

Die quicklebendigen Kleinen erwiesen sich bald als sehr freßmunter und stritten greinend an der Wurzelkrippe mit Großmutter Jutta, der es nicht darauf ankam, wenn ein Enkelkind sich mal ein Tröpfchen bei ihr holte, die aber nicht viel Federlesens machte, wenn es um Mais ging, den Zudringling einfach auf den Nasenrücken nahm und in einem meterlangen hohen Salto auf die Tafelebene beförderte, wo er dann mit schief gehaltenem Köpfchen ein paar Augenblicke wie benommen stand und zu überlegen schien: Was war denn das eben, und wie bin ich denn hierher gekommen?

Um so rührender war es anzusehen, mit welch väterlicher Nachsicht Attila, als wäre er sich der schneidenden Schärfe seines spitzen und breiten Gewaffs bewußt, die Sprößlinge über seinen mächtigen Nasenrücken hopsen ließ, wenn er aus der Wurzelkrippe mampfte und die Winzlinge daran teilhaben wollten.

Der trockene Mais machte Durst, den die Kleinen bettelnd am mütterlichen Gesäuge und die Bachen am Wasserfall löschten, und Mauseöhrchen und die zwölf Frischlinge sahen mir zu, als ich am Quell die Futtereimer auswusch. Einmal pirschte ich ihnen auf dem Rückwechsel nach und beobachtete sie in der „Spitze", wo der Hangweg zum Steinbruch in den Hohlweg einmündet, wie sie die genossene süße Kost mit Sauerklee ergänzten – Oxalsäure! Um diese Zeit fiel uns auf, daß ein strammer Streifling mit Vorliebe im Liegen schmauste.

Wachsame Mütter

Sie kannten mich nun so gut, daß es gleichgültig war, wie ich mich ihnen näherte. „Ich bin's", sagte ich einfach, und alle senkten beruhigt die sichernd erhobenen Häupter. Da die insgesamt zwölf Frischlinge von frühester Kindheit an mich gewöhnt waren, bezogen sie mich nach dem Beispiel der Mütter in ihre Verwandtschaft ein.

Am Abend des 18. Mai wäre so ein Vierwochenwinzling an einer Eichel beinahe erstickt. Obgleich er dabei nicht klagte, liefen im Nu alle vier Familien, die übrigen 15 Kopf des Rottenverbandes, um ihn zusammen, offensichtlich bestürzt und um ihm in seiner Not beizustehen. Ich enthielt mich eines helfenden Eingriffs. Bei allem Vertrauen in ihre Klugheit und rasche Auffassungsgabe war ich mir nicht sicher, wie die Mütter, besonders seine eigene – welche war's? – es aufnehmen würden, wenn ich das Kerlchen an den Hinterläufen, Kopf nach unten, hochheben würde, um so die Eichel möglichst herausfallen zu lassen.

Wenn Hunderte von Metern ein paar Krähen quarrten, drehten die wachsamen Mütter sich sofort in diese Richtung. Vor den Augen meiner Frau vertrieben sie einen harmlosen Rehbock, und als gar am 16. Juni um 20 ^{50} Uhr ein Fuchs anhaltend bellte, gab der Säugling Alarm. Dann ging Bors-

„Was war denn das eben, und wie bin ich denn hierher gekommen?"

tenbärchen der Sache auf den Grund, stieß in zwei weit ausholenden Bögen über die Quellschlucht vor und kehrte, noch sichtlich erregt, mit gesträubter Widerristbürste zurück, sehr von mir gelobt.

Freuden am Wege – Messungen

Das schöne Juniwetter nutzten wir, trockenes Vorjahreslaub, das in der Runse meterhoch lag, einzubringen, in mannshohe Säcke zu stopfen und für den Bedarfsfall bereitzuhalten. Das taten wir auch in aller Zukunft. Unsere liebe Gesellschaft kam jetzt immer so zwischen 20 und 21 Uhr. Nach einem Gewitterguß hatte ich unterwegs die Freude, sechs prächtige Feuersalamander zu zählen, und am 21. 6. zwei Hirschkäfermännchen. Am 18. vermaßen wir unsere besonderen Lieblinge. Mauseöhrchen, von den Vorderlaufschalen bis zum Widerrist gemessen, war 64 Zentimeter hoch, Borstenbärchen 69, Faululi 65 Zentimeter lang, die jüngsten Frischlinge durchschnittlich 49 Zentimeter lang.

Saubärte

Den ganzen Haarwechsel über und von nun an Jahr für Jahr spendeten mir die beiden liebsten Jungbachen ihre Kammborsten, die „Federn", die ihnen beim Streicheln ausgingen und die ich Abend für Abend im Taschenkalender sorgsam verwahrte. Im Lauf der Jahre kamen so an die 20 000 zusammen, von allen mit Ausnahme von Jutta, Attila und des Säuglings, die längsten 17 Zentimeter lang; da konnten Überläufer, wenn sie in Erregung die Bürste sträubten, wie Hauptschweine aussehen! So erhielten wir mit der Zeit acht friedlich erworbene, in Gold oder Silber gefaßte Saubärte. Mein eigener, der stärkste, enthält nun 3037 Federn. In ihm sind alle Generationen, Spender und Spenderinnen vereinigt: Borstenbärchen, die spätere Große Bärin; Mauseöhrchen, zuletzt Eisglöckchen oder Schellgeläut genannt; Borstenbärchens Kinder Faululi, der spätere Maxel, und Schwarzgesichtel, die spätere Kleine Bärin; Moritzel, Maxels Gefährte, Bruder von Graugesichtel, der späteren Mauricia; Tönnchen, das spätere Hamsterbäckchen; und Seidenhaar, welche die feinsten Borsten hatte.

Zweimal erging sich ein Liebespaar auf dem Abendspaziergang in unserem stillem Waldbogen. Meine Schützlinge wurden unruhig und zogen verhalten grollend um mich herum. Aber weil ich ruhig sitzen blieb, flüchteten sie nicht. Die Liebesleute hatten das Brummen gehört und traten den Rückzug an.

Verdeckte Gerichte

Sonntag, den 24. Juni, mußten wir einer Einladung folgen und hatten dadurch den Abend nicht frei. Da kamen wir auf den Gedanken, „verdeckte Gerichte" zu machen, d. h. wir legten die den einzelnen Tierpersönlichkeiten zugedachten Portionen unter flache, stumpfkantige Steine und verließen uns auf die Klugheit und den Geruchssinn der Sauen. Es klappte immer. Sie schoben die Steinplatten einfach weg und ließen nicht ein Körnchen Mais, nicht eine Eichel zum Verräter werden! Dieser Notbehelf sollte sich in all den Jahren noch vielfach bewähren.

Seltener Besuch

Am Freitag, dem 29., saß ich von 19^{40} Uhr ab unterhalb des Dreifels an. Um 20^{10} Uhr ging ein Spaziergängerpaar im Hohlweg vorüber, bemerkte mich aber nicht. Nach einer Stunde kehrte das Paar zurück. In der Zwischenzeit hatte ich seltenen Besuch bekommen.

Eher sieht man mal den Baum- oder Edelmarder noch bei gutem Licht als den Nachtschleicher Haus- oder Steinmarder – und der war's, der um 20^{40} Uhr dahergehüpft kam, schlank und braungraupelzig, mit schöner Lunte und dem Pastorenbeffchen bis zu den Vorderläufen: Weißkehlchen, nicht „Goldhals" von Hermann Löns! Er plünderte die Honigwaben der wilden Bienen unter dem Felsüberhang, den wir den Dachstein nannten, und riß leider auch das dort brütende Rotkehlchen. In Frage und Antwort unterhielt ich mich auf Menschensprache mit drei auf einem Reiserhaufen hockenden jungen Waldkäuzen, ähnlich wie Karin sich öfter nachts bei unserer Wohnung „Unter den Eichen" oder unterwegs zur Friedenskanzel mit einem Eulenelternteil zu unterhalten pflegte, aber in Waldkauzsprache, die sie so naturgetreu beherrscht, daß der Partner sie immer wieder zur Zwiesprache aufforderte und es offenbar gar nicht glauben konnte, als sie ihm nicht mehr antwortete – weil wir nicht mit Eulenruf zu unseren borstigen Freunden kommen wollten.

Auf einem benachbarten Reiserhaufen turnte eine muntere Zaunkönigfamilie umher. Ich bangte um sie, solange es hell war, – in ruhigen Waldrevieren jagt die Eule oft schon vor Einbruch der Dämmerung – und konnte nur hoffen, sie würden sich vor den Griffen der lautlos anjagenden Euleneltern rechtzeitig in die tieferen Zweiglagen flüchten.

An diesem Abend erfuhr ich drastisch, was Störung durch Spaziergänger ausmachen kann, von der die Verursacher keine Ahnung haben. Gegenüber dem Vorabend verspätete sich die Rotte der Sechzehn um zwei Stunden und 35 Minuten. Erst nach zehn Uhr kamen sie, angeführt von Großmutter Jutta: Mauseöhrchen, Borstenbärchen, der Säugling und die zwölf Frischlinge. Sonst dauerte es nicht länger als eine Stunde, bis sie zurückkehrten, wenn sie einmal ohne erkennbaren Grund bei uns nur durchgebraust waren.

Trockenlaubbetten

Der Juli begann höchst unfreundlich mit Regen, Böen, Sturm und Kälteschauern bis in die Monatsmitte hinein. Aber Edith, Karin und ich schütteten nun ein paar Säcke unseres gesammelten Fallaubes aus, und so erwartete unsere vom weiten Anmarschweg immer ermüdeten Geisterchen am Futterplatz statt Nässe und Matsch allemal ein tiefes Trockenlaubbett, in dem sie sich behaglich ausruhen konnten, liegend schmausten und aneinandergekuschelt schliefen, bis ihnen einfiel, bei den Müttern zu saugen. Sie lohnten uns die Pflege durch immer größere Zutraulichkeit. Zwei krochen unter meinen Lodenmantel, ein dritter drängte sich so eng an mich, daß ich seine Körperwärme durch den Stiefelschaft zu spüren meinte, und natürlich durften wir sie streicheln.

Freudige Begrüßung

Bei Mauseöhrchen erlebte ich am 4. Juli, wie freudig die Erwachsenen andere Familienangehörige begrüßen, wenn sie, tagsüber durch Störungen getrennt, sich abends am Futterplatz wieder zusammenfinden.

Die junge Bache war schon kurz nach acht Uhr mit ihren drei Kindern und dem des Säuglings, der sich abseits hielt, in der „Spitze", einen Steinwurf weiter nördlich vom Dreifels, im Gebräch.

Nach einer halben Stunde, es dunkelte schon, purzelten plötzlich die übrigen acht Frischlinge auf dem Wechsel von 26 den Hang herunter, gefolgt von ihren Müttern Jutta und Borstenbärchen. Mauseöhrchen machte einen Freudensprung auf die Ankömmlinge zu und stieß die ganze Kette der mir bislang unbekannten Begrüßungslaute aus: ö – ö – ö – ö, je vier in der Sekunde, insgesamt gezähltes sechzehnmal!

Unterschiedliche Reaktionen

Bei feuchter Witterung zogen jetzt die Glühwurmmännchen ihre geheimnisvollen Hochzeitsreigen und beunruhigten mit ihren leuchtenden Bahnen besonders Borstenbärchen: Hielt sie die fliegenden Leuchtkäfermännchen für Funken? Kannte sie Feuer – wenn auch nur von ferne von den Feuerstätten der Waldarbeiter? Das Liebespaar war von der Rotte in Kauf genommen worden, – gleichwohl widerwillig; „Kanonendonner" im Steinbruch hatte sie nicht gehindert, sich 40 Minuten nach der letzten Detonation wie gewohnt einzufinden – vielleicht hatten sie den gewaltigen Knall für Gewitterdonner gehalten. Das plötzliche Dampf-ablassen einer Lokomotive in der Schienenschlucht kam ihnen wie das furiose Blasen eines ungeheuren Artgenossen vor, veranlaßte sie indes nicht zur Flucht, sondern rief bei ihnen offensichtlich Angriffs-, zumindest Verteidigungsabsichten hervor, während Urvater ehedem in der Eichendickung nur wie ein brunftiger Hauptschaufler hatte zu knurren brauchen, um die ganze Familie zu sich hereinzurufen. Und vor den Glühwürmchen scheuten sie!

Vom letzten Julidrittel bis Ende Oktober wurde die Tuch- und Borstenfühlung immer enger. Nun konnten wir auch erkennen, wer zu wem gehörte. Borstenbärchen hatte einen Bachenfrischling, unser späteres Schwarzgesichtel, und ein Keilerchen, das Faululi, unseren späteren Maxel. Mauseöhrchen führte zwei Keilerfrischlinge und ein Bächlein, Jutta drei Keilerchen und drei Bachenfrischlinge.

Wenn Jutta und Attila nicht da waren, teilten sich die verträglichen Schwestern Borstenbärchen und Mauseöhrchen abwechselnd in die immer mit Mais oder Eicheln gefüllte Wurzelkrippe. Außer dem Kernfutter gab es als Zukost Äpfel, Bananen und Birnen, allemal aus den Händen, für Mauseöhrchen einmal alle Birnen und 25 Äpfel, für Borstenbärchen 25 Bananen Stück für Stück. Bekam sie von allem weniger, so vermerkte sie das genau. Hier begann sie auch wieder wie die Frischlinge an der Friedenskanzel, mir zu folgen und, zu mir aufschauend, zu betteln. Daß ich wirklich nichts mehr hatte, glaubte sie erst, wenn ich die leeren Taschen umdrehte und sie daran Witterung nehmen ließ. Je nach Stimmung oder Appetit zog sie sich dann enttäuscht, zuweilen leise „weinend", zurück oder war damit einverstanden und wandte sich stumm ab.

Spätsommer

Vom 4. Bis 19. August hatten wir die sehr liebe, anhängliche Deutsche Wachtelhündin des Oberförsters in Obhut und Pflege, natürlich mit vollem Familienanschluß, damit sie ihre Bezugspersonen nicht allzusehr vermißte, und selbstverständlich mit täglichen, weiten Spaziergängen. Zu unseren borstigen Freunden wagten wir sie nicht mitzunehmen, weil wir nichts aufs Spiel setzen wollten. An der uns anhaftenden Hundewitterung nahmen sie keinerlei Anstoß. Schade, daß wir unsere liebe Tapsi, Mischling aus Silberpudel und Cocker-Spaniel mit ersichtlichem Deutscher Wachtel-Einschlag, nicht schon sieben Jahre früher hatten! In der Welpen- und Frischlingsjugend miteinander bekanntgemacht und aneinander gewöhnt, ähnlich Frankes treuem, klugem Rottweiler Bill und Frischlingsbächlein Luise, hätte es zwischen unseren beiden besonders liebebedürftigen und gelehrigen Tierkindern die allerschönste, fruchtbarste Freundschaft geben können, in freier Wildbahn! Wie gerne hätte ich an manchem sorgenvollen Tage gesagt: „Komm, Tapsi, wollen mal Benjamin suchen gehen!" Welche Hilfe wäre die treue, spursichere Gefährtin gewesen! Welches Vergnügen, wieviel Freude hätte uns eine erfolgreiche Suche gemacht!

Die Selbstlosigkeit der Jungbachen ging inzwischen so weit, daß sie mehr und mehr den Frischlingen überließen, was uns wegen der damit ver-

Werner Franke im „Gespräch" mit einem Luise-Kind

bundenen Wachstumsbeschleunigung gar nicht recht war. Aber Borstenbärchen war deutlich verstimmt, wenn ich die Kinder nur ein weniges abzuwehren versuchte, und mied mich dann. Am 10. August waren sie schon so kräftig, daß sie mich auf dem Jagdstock anhoben wie ehedem ihre Eltern die kleine Edith auf dem Kinderstühlchen unter der Wetterfichte im Wintertal.

Am 26. August nahm mir ein lieber kleiner Kerl die Maiskörner so zutraulich und zartfühlend aus der Hand wie unser unvergessener Benjamin. Ab 28. gab es wieder die ersten Pflaumen.

Der Odysseushirsch

Ägidi tritt der Hirsch in die Brunft, lautet die Jägerregel, und prompt brachten unsere Rotten am 3. September die ersten Brunftgerüche aus den Einständen und Suhlen des Rotwildes mit.

Ein Haupthirsch, Sechzehnender, brunftete nicht weit hinter dem buchenfichtengekrönten Steilhanggipfel auf dem ebenen Plan, der durch die Felswand im Südosten schwer zugänglich und daher ungestört war. Er hatte sich offenbar mehrerer Beihirsche zu erwehren, röhrte gewaltig und stieß wie wild den Sprengruf aus. Bis tief in die Nacht hinein dröhnte sein eherner Trommelwirbel. Wir nannten ihn den „Odysseushirsch"; denn der Forstamtsleiter ließ wie der Kaiser Augustus „ein Gebot ausgehen": „Den darf niemand schießen!" – Und Niemand, groß geschrieben, war doch der Tarnname des irrefahrenden, listenreichen Troja-Heimkehrers Odysseus, der Poseidons Riesensohn, den einäugigen Polyphem, mit Wein berauscht und mit der glühendheiß gemachten Spitze der Olivenkeule dem Zyklopen das Auge ausgebrannt hatte, nachdem das Ungeheuer ihm dreimal je zwei seiner besten Gefährten auf den Boden der Höhle geschmettert und mit Haut und Haaren aufgefressen hatte.

Der Odysseushirsch war also tabu und blieb leben. Nach der Brunft und bis in den November hinein trollten des öfteren Angehörige seines Harems in Trupps oder kleinen Rudeln unter dem Dachstein an uns vorbei. Ende September, als unsere Gäste nicht mehr regelmäßig kamen, bewährten sich erneut die „verdeckten Gerichte". So fanden sie immer einen nahrhaften Gruß von uns vor, auch wenn sie nicht mit uns zusammentrafen.

Borstenbärchen – allmählich Große Bärin – und Mauseöhrchen mit den 6 Kindern der drei Geschwister, auch dem des Säuglings.

In der Bildmitte: Ehemalige Meilerstelle und Zwerghauptschweinstubben; links geht es zum Dreifels hinauf

Goldener Herbst

Unter dem 12. Oktober 1962 treten in meiner Monatsliste das Faululi und sein ständiger Begleiter zum erstenmal als Maxel und Moritzel auf. Diese Namen behielten sie auch für den Rest ihres ach so kurzen Lebens. Zicklein gleich sprangen sie auf jeden passenden Felsblock und holten sich die Maiskörner wie von einer Tischplatte.

Am 18. Oktober gelang es mir noch einmal, das Zweigespann zu kennzeichnen, am 20. in der Runse auch Borstenbärchen. Vollmast, anhaltender Ostwind, große Trockenheit und vielleicht auch der Beginn der Rauschzeit nahmen uns die vier Familien schon vor den Winterjagden aus der Hand. Sie wurden unstet. Wir bekamen sie kaum zu Gesicht, geschweige, daß wir sie hätten kennzeichnen können. Ende Oktober und in der zweiten Novemberwoche blieb das Futter fast unberührt. Mal waren der Mais und die sonst so begehrten Weinbeeren angenommen, mal nicht. Wer die neun bis dreizehn Stück Schwarzwild waren, die am 16. November den Steilhang herunterkamen, war ohne Tuch- und Borstenfühlung nicht zu klären. Am 18. 11. hatten sie zum letztenmal „abgeräumt". Danach blieb es lediglich bei geheimnisvollem, scheuem Huscheln, Pusten, Blasen, Steinekollern, Fallästeknacken, gelegentlich einem leisen Warnlaut – oder war es doch Anfrage? –, bei den „verdeckten Gerichten" und, zur Abwechslung, bei diesem merkwürdig bellfreudigen Fuchs! In den Hochwildrevieren des Sollings und des Reinhardswaldes hat Reineke noch eine Freistatt. Am 11. November gegen 21³⁰ Uhr unterhielt ich mich mit einem von jenseits der Weser; am 20. 11. um 18³⁰ Uhr bellte einer, ohne Anlaß durch mich, gezählte 54 Male.

Rückkehr nach 40 Tagen

Der erste Advent des ausklingenden Jahres war kein Tag der hoffnungsfrohen Ankunft, vielmehr des Abschiednehmens und tiefer Traurigkeit.

Maxl auf dem Dreifels

Meine liebe hochbetagte Mutter, die ich 54 Jahre haben durfte, lag im Sterben. Ich ging, nur um einmal Atem zu holen, gedankenvoll den 23-Minutenweg zum Dreifels, weil doppelt hoffnungslos, ohne ein Korn Mais oder eine Eichel in den Manteltaschen; erfahrungsgemäß war erst kurz vor Weihnachten mit der Rückkehr der Selbstversorger zu rechnen.

Ich habe es noch manches Mal erlebt, daß gerade dann, „wenn wir" – wie es im Kirchenliede heißt – „in höchsten Nöten seyn", uns ein unerwarteter Trost von „oben" zuteil wird...

Kaum war ich unter den ersten Bäumen, kam Mauseöhrchen mir vom Dreifels her entgegen. Nach vierzig Tagen ihrer Abwesenheit war ich wie eh und je von allen sechzehn zutraulich umgeben. Ich bat meinen Begleiter, auf schnellstem Wege von zu Hause Futter zu holen, während ich die Getreuen so lange hinhalten wollte, mindestens eine Dreiviertelstunde. Und ich war wie erlöst, als die in ihren Schlafbäumen aufgestörten Rabenkrähen am Felseneck durch ihr Geschrei die Rückkehr des Eilboten ankündigten.

Auch an den nächsten zwei Abenden und am 12. und 15. Dezember ließ die Rotte nicht auf sich warten. Maxel folgte uns wie ein braver Hund. Am 19. nahm uns Juttas Familienverband zum letztenmal im alten Jahre pünktlich und vollzählig in Empfang. In der Zwischenzeit waren es immer nur sieben bis neun Tiere gewesen.

Drei Tage vor Weihnachten setzte der Winter mit tiefem Schneefall unwiderruflich ein. Zum Heiligen Abend versorgten wir sie wegen meines Organistendienstes schon nachmittags; es herrschten 14 Grad Frost. Am zweiten Weihnachtsfeiertag kreiste das Sperberweibchen mit silbergewelltem Brust- und Bauchgefieder und gefächertem Stoß herrlich in Wipfelhöhe über der Fütterung, um Kleinvögel zu schlagen.

1963
Sibirischer Jahresbeginn

Am 4. Januar fiel eine tiefe Neue, und der Winter gab nun nicht mehr nach; Frost und Schneefall, Schneefall und Frost. Jetzt mußte ich doppelt auf dem Posten sein. Ich bahnte ihnen Trampelpfade, und manche Nacht trug ich ihnen einen zweiten Rucksack voll hinaus. Im hellen Vollmondschein bei minus sechs Grad ließ mich ein starker Altfuchs in dem vom Eichenbaumholzschatten blau getigerten Frostschnee, der ihn trug, auf sieben Gänge vorübergehen, ich waldeinwärts, er waldaus in Richtung der Gehöfte. Hierbei begünstigte mich wohl weniger das Schneehemd als die uns immer anhaftende intensive Schwarzwildwitterung von der täglichen Tuch- und Borstenfühlung, der wir alle Nahbegegnungen auch mit anderen Wildarten zu verdanken hatten.

Attila in der Rotte der sechzehn besuchte uns an zehn Abenden. Auch die acht Hunnenfrischlinge waren uns zum Dreifels gefolgt und wurden immer vertrauter. Dann hatten wir 25 dankbare und verträgliche Gäste zu versorgen.

Mitte Januar sank die Quecksilbersäule auf 17 Grad. Von Tag zu Tag schlossen sich die Treibeisschollen der Weser enger zusammen. Am 18. Januar kam der Fluß zum Stehen, und erst einen vollen Monat später sollte dumpfer Donner künden, daß die tragfähige Eisdecke, die von den Ufern Fußgängerverkehr zwischen der Alt- und der Gartenstadt geschaffen hatte, wieder barst. In diesen viereinhalb Wochen war ich ständig in Sorge, unsere Sollingsauen könnten – zumal, in Rauschzeit-

Sie wateten bis an den Bauch im Schnee

launen – über die zugefrorene Weser in den Reinhardswald wechseln.

Am 21. lag die Neue stellenweise meterhoch. Auch die Großen wateten bis an den Bauch im Schnee. Wir mußten an mehreren Stellen füttern, vorne, hinten und in der Mitte, damit sie auch ja in Bewegung blieben und der Frosttod sie nicht im Ruhen und Schlafen überfiele. „Vorne", das hieß in der Senke zwischen Quellschlucht und Dreifels, und ferner an einigen schneefrei geschaufelten Plätzen am Dreifels selbst. Als große Hilfe erwiesen sich wieder die ihnen bekannten Eimer, weil dabei kein kostbares Korn Mais, keine Eichel im Schnee verloren ging.

Um einmal die täglich erforderlichen Mengen zu nennen, die wir nur noch mit dem Handschlitten heranschaffen konnten: Am 23. Januar verbrauchten wir 42 Pfund Mais, 10 Pfund Eicheln, zwischen 25 und 30 Pfund Kartoffeln, außerdem Obst. Somit kamen auf jedes Tier durchschnittlich gut drei Pfund, für das eine mehr, das andere weniger, je nach Alter und Stärkeklasse.

Eisglöckchen Schellgeläut

Das immer etwas stürmische Mauseörchen erschien klirrend und läutend mit kleinfingerlangen Eiszapfen am Bauch, warf sich zu meinen Füßen im Schnee auf die Seite und ließ sich, solange ich, im Pelz neben ihr liegend, es aushielt, die Eiszapfen abtauen und den Bauch warmreiben. Dabei stieß sie leise den zufrieden glucksenden Laut aus, Zeichen der Wohltat für sie und die Kleinen, die sie schon bald wieder erwartete. Das leicht eifersüchtige Borstenbärchen, das wir allmählich in Bärin umtauften, beobachtete uns, abseits stehend, recht tiefsinnig. Die Quelle lief noch, und der Wasserfall rauschte!

Tiefrührende Anteilnahme

Am 26. Januar noch bei Tageshelle, als meine hungrigen Kostgänger mich schon erwarteten, stürzte ich mit den randvollen Futtereimern auf einer vereisten Buchenwurzel, schürfte mir die Hände auf, verstauchte mir einen Arm und schlug mir die Stirne blutig. Da geschah etwas so tief Rührendes, daß es mich die heftig schmerzenden Wunden sogleich vergessen ließ und mich namenlos beglückte. Noch ehe ich mich aufgerichtet hatte, im Knien noch, trat Eisglöckchen-Schellgeläut mit fragend vorgestrecktem Haupt – wie anders sollte sie fragen als mit der Nase! – ganz vorsichtig ob der gefährlichen Glätte dicht an mich heran, bewindete, ohne sie zu berühren, die blutende Stelle über den Augen und – schob mir, anstatt an den haufenweise verschütteten Eicheln und Maiskörnern seinen Hunger zu stillen, mit unendlicher Behutsamkeit die Krimmerwollmütze um ein weniges höher aus der Stirn, wie um mir zu helfen und sich zu überzeugen, welch Schlimmes mir zugestoßen sei. Und alle fünfzehn liefen zusammen und standen teilnehmend bestürzt um mich herum!

Bis 13. Februar lag ich Abend für Abend im Pelz neben Eisgeläut im Schnee, taute ihr die Eiszapfen vom Bauch und freute mich auf ihre Kinder, die ich damit schon im Mutterleib liebkost hatte.

Entsetzliche Katastrophe

Da, als das Glück am allerschönsten blühte, warf uns die Grippewelle aufs Krankenbett, Mutter, Kind und Vater gleichzeitig. Nur mit großer Mühe vermochte ich, weil auch der Oberförster erkrankt war, die Versorgung unserer Schützlinge durch einen zuverlässigen Anwohner am Walde sicherzustellen. Neun Tage später war die hohe Schneedecke im Eichenbaumholz bei dem neuen Forsthaus nachts vom Schwarzwild um und um gepflügt. Und so ist das Entsetzliche dann geschehen, das acht Leben auf einen Schlag auslöschen sollte. Am 22. Februar 1963.

Der Bundesbahnbeamte Herr Stange klopfte frühmorgens an mein Schlafzimmerfenster und brachte die Schreckensbotschaft. In der doppelgleisigen Schienenschlucht, wo alle Jahre Rehwild überfahren wurde, hatte der dort bergab mit abgestelltem Motor fast geräuschlos herannahende, ums Felseneck unsichtbare Triebwagen die Rotte auf der Eichelsuche ereilt – und dem Oberförster eine schauderhafte Bergungsarbeit hinterlassen. Ich selbst konnte nur noch einige beinhart gefrorene Wildbretstücke, Lungenfetzen und vier ungeborene Winzlinge, die wie fein säuberlich fellüberzogene Spielsachen aussahen, vom Bahnkörper auflesen. Zu Tode betrübt versenkte ich sie in den Rucksack und trug sie dem Fuchs auf seinen Paß unter den tief verschneiten Fichten der Ferriesgrund.

Abends, im Schneelicht ohne Mond, standen führungslos vier Frischlinge in dem Eichenbaumholz nahe der Runse. Bald kam brummend aus dem dunklen Fichtenhorst die Bärin mit fünf Frischlingen herunter, und Maxel ließ sich den eisverkrusteten Pelz klopfen. Der Futtersmann trat aus der Tür und berichtete leise, bis einhalb neun am Vorabend seien noch alle sechzehn dagewesen; um neun aber, nach dem Zuge, wie die Wilde Jagd waldeinwärts gebraust.

Obwohl Jutta und die Säuglingsbache fehlten, waren doch alle meine Befürchtungen bei Mauseörchen-Schellgeläut und seinen fast ausgewachsenen drei Kindern, zumal drei Frischlinge fehlten. Am folgenden Abend stand, unverkennbar in Haltung und Wesen, Jutta auf drei Meter vor mir. Am 1. März stellte sich der Säugling ein. Nun blieb nichts anderes übrig, als daß Eisgeläut von dem gräßlichen Schicksal ereilt worden war samt seinen Kindern. Keine acht Tage später hätte sie wieder gefrischt. Von den drei Getreuesten von einst war nur das vorsichtig-zurückhaltende Borstenbärchen, die „Bärin", übriggeblieben.

Aber – Glück im Unglück – seit ihre Schwester Eisgeläut ausgeschieden war, näherte sie sich mir wieder, die immer melancholisch abseits gestanden und leise „geweint" hatte, wenn ich, längelang im Schnee liegend, Eisglöckchen den Bauch warmgerieben und die Eiszapfen abgetaut hatte.

Anfang März herrschten immer noch zwischen zehn und vierzehn Grad Frost. Wir fütterten überall, sofern es bei dem beschwerlichen Schnee nur näher und aus Sichtgründen weit genug im Bestande war. Wenn es dem Fuhrunternehmer Herrn Bohn in seinen Terminplan paßte, brachte er uns mit dem Kleinbus so nahe wie möglich an unseren Fütterungsbereich – es war dann immer noch Plage genug für eine einzelne Person.

„Treulich geführt"

In der Nacht zum 4. März schlug das Wetter um und brachte Schneeglätte und Glatteis. Wir durften uns davon nicht abhalten lassen. Maxel, der auf Ruf hörte und uns regelmäßig empfing, holte Karin an diesem Abend schon im Eichenbaumholz dreihundert Meter vor dem Dreifels ab. Während er sonst den Wurf nicht schnell genug in den Futtereimer stecken konnte, den Karin links trug, kümmerte er sich diesmal überhaupt nicht darum, stellte sich aber vor ihr quer, was immer hieß: Stehen bleiben, nicht weiter! Natürlich verstand sie sofort, hielt sich mit der Rechten an seinen langen Widerristborsten fest, und wie ein treuer Bernhardiner am Halsband geleitete er sie Schritt für Schritt vorsichtig in die vereiste Quellschlucht hinab und auf der anderen Seite den Gegenhang hinauf zur Fütterung, wo die restlichen elf schon warteten.

Verunglückt

Am nächsten Tage hatte der Oberförster die traurige Pflicht, eine ihm gemeldete verunglückte Bache, die sich noch bis zu dem Weg am Jagdhaus geschleppt hatte, durch Fangschuß aus der Repetierbüchse zu erlösen. Ein Opfer des Glatteises? Abgestürzt? Obgleich uns auch diese Tiertragödie wieder sehr ans Herz griff, hatten wir nicht den Eindruck, die Verunglückte könnte eine der Unsrigen gewesen sein – und sie war es auch nicht; vielleicht eine ältere Hunnenbache.

Frostige Frischzeit

Seit dem 2. März vermißten wir Borstenbärchen = Bärin und den Säugling, sagten uns aber: sie frischen jetzt, und machten uns nur wegen der grimmigen Nachtfröste Sorgen. Am 14. stellten sich die Geschwister wieder ein, mit drei Überläuferbachen und zehn heurigen Frischlingen, die aber keinesfalls Kinder der älteren Bachen waren. Als diese auch nach zehn Tagen noch keinen eigenen Nachwuchs mitbrachten, mußten wir uns betrübt damit abfinden, daß ihre Kleinen den unbarmherzigen Frostnächten zum Opfer gefallen waren.

Ähnlich auch vor Attila: „... die rechte Hand an die Krippenbuche gestützt ..."

Aber Karin war Herrin!

Mit fünf Jahren heißt ein starker Keiler in der Jägersprache Hauendes Schwein, ab sechs Jahren Hauptschwein oder Basse. Attila war, falls er erst 1958 gefrischt war, was schon bei der allerersten Begegnung in der Nacht vom 12. März 1960 sehr zweifelhaft gewesen war, nun mindestens fünfjährig, also ein Hauend Schwein an der Schwelle zum Bassen, vor dem ein Jägerspruch oder -sprichwort launig warnt: „Du kannst vor einem Hauend Schwein nicht immer Herr der Schöpfung sein!" Besser müßte es wohl heißen „...nicht immer Herr der Lage sein."

Wenn er da war, roch ich ihn meist schon am Fuße der Anhöhe zum Dreifels, an der ehemaligen Meilerstelle. So auch vor diesem herausragenden Ereignis am Abend des Frühlingsanfangs. Als ich mit großer Verspätung nachkam, hatte Karin bereits eine unvergeßliche Halbzeit mit dem Bassen hinter sich. Die rechte Hand an die Krippenbuche gestützt, streute sie ihm mit der linken immer wieder Mais und Eicheln vor den Wurf, anderthalb Stunden lang, auf einen halben Meter „Entfernung"! Näher, schöner und vertrauter ihr gegenüber hat sie ihn nie erlebt. Hier war die Freundin des Bassen Herrin gewesen.

Frischlingsinvasion

Am Abend des 22. kamen bei ihr um 19^{30} vom Bachgrunde her zwei Bachen mit zehn Frischlingen, bei mir am Dreifels um 20^{05} vom dunklen Fichtenhorst herab zwei Bachen mit fünfzehn Frischlingen – vereint ein Gewimmel von fünfundzwanzig solcher Spielzeugfigürchen, denen wie immer nur die Rädlein unter den Füßen zu fehlen schienen. Bei einer derartigen Invasion, schon mehr Schwarzwildbevölkerungsexplosion, war es nicht mehr möglich festzustellen, wer zu wem gehörte und wer überhaupt die führenden Bachen waren. Zweifelsfrei allein war, daß die beiden älteren Bachen Bärin und Säugling keine eigenen Frischlinge führten. Hier bekamen wir einen Vorgeschmack davon, wie es gegen Ende wurde, wenn alle Generationen an einem Futterplatz zusammenkamen, 43 Kopf, die ich dann nur noch mit einem langen Ast von einem Reiserhaufen behutsam zu dirigieren vermochte.

Erkennungsmerkmale

Und hier muß ich einem naheliegenden Einwand begegnen: Warum keine Ohrmarken? Auf diese hatten wir von allem Anfang an bewußt verzichtet, Grund: die Tiere, zumal im Anfangsstadium unserer Beobachtungen, um nichts in der Welt zu verprellen. Wir wußten ja, wie empfindlich sie waren, wie leicht gekränkt, das angeblich so „robuste" Schwarzwild mit seiner enormen Klugheit

„Attila", 20.3.1963, mindestens 5 Jahre und 1 Monat alt

und seinem glänzenden Gedächtnis, das nichts vergaß, Gutes wie Böses, und nachtragend sein konnte; bei dem wir uns manchmal mit vielen bedauernden Worten „entschuldigen" mußten wie bei einem feinfühligen Hund, dem man Unrecht getan hat.

Auf die es uns ankam, die kannten und erkannten wir sowieso: an ihren Charaktereigenschaften, an der Gestalt, an bestimmten Körper- und Schönheitsmerkmalen, z. B. dem geradlinigen oder bogig geschwungenen Nasenrücken, der „Igelstirn", an ihrem Wesen und Auftreten, der Art sich zu nähern, aus der Hand zu nehmen, sich verständlich zu machen; die Bärin am Keilerprofil, an der vorsichtigen Zurückhaltung, an der großen Gutmütigkeit, ja, am „Weinen", das anders klang als Juttas leises Klagen in anderen Umständen; den Säugling an seinem Senknacken und stieren Blick, am Futterneid und an der wachsenden Aggressivität; fast alle auch an Form und Stellung der Teller und an feinen Unterschieden des Borstenkleides, an der Länge, Breite und Farbe des Pürzels und der Dichte der Quaste; an ihren Lautäußerungen: die Große Bärin am Brummen, die Kleine am stillen Wesen, Hamsterbäckchen am begrüßenden ö-ö-ö-ö und Altmutter Jutta an ihrer unverkennbaren Posaune; Schwarz- und Graugesichtel, Tönnchen und Seidenhaar, wie ihre Namen sagen. Als sie größer wurden, tauften wir sie um: Graugesichtel, Schwester des unvergessenen Moritzel, in Mauricia; Schwarzgesichtel, Tochter der Bärin, die nun die Große hieß, in die Kleine Bärin; Tönnchen in Hamsterbäckchen, und Seidenhaar konnte so bleiben. So dürfte sich nach allem prüfenden Beobachten der Anteil an dem großen Kindersegen etwa folgendermaßen gegliedert haben: die unbekannte, starke, erdfarbene Bache mit fünf, Graugesichtel mit drei, Schwarzgesichtel mit zwei, Tönnchen und Seidenhaar mit mindestens je einem Frischling; die restlichen dreizehn – „Hunnenkinder".

Die Stammeltern und ihre Jüngsten

Am 2. April brachte Stammutter Jutta sechs Frischlinge mit. Eines der Springinsfeldchen krebselte eine Woche später dauernd vor Väterchen Attilas mächtigem Wurfeswulst umher – er hätte es mit einem Happs verschlingen können! Ein anderes probierte Mutters Wurzelkrippe aus und saß darin wie der Osterhase im Nest. Es gab das allerliebste Kindertheater.

Alte Bekannte

Vom 6. April an verstärkte sich unser Eindruck, die vorsichtige alte, erdfarbene Bache, die an der Dreifelsfütterung zu uns gestoßen war, müßte die Karpfenbache von 1960 sein. Dafür sprach auch, daß sie von Jutta respektiert wurde wie 1960 an den beiden Futterringen in Jagen 26, Jutta also die jüngere, rangniedrigere war. Und da, beim täglichen Beobachten der engen Mutter-Tochterverbindung zwischen Jutta und der Großen Bärin und der Großen und der Kleinen Bärin ging mir ein Licht auf: Was lag näher als: daß unsere standorttreue gute Jutta von 1961 keine zugelaufene neue Fremde gewesen war, sondern die magere Brettbache von 1960, dank der guten Fütterung nur besser im Stande, und die Karpfenbache ihre Mutter! Die Mütter waren also in gerader Linie verwandt. „Urahne, Großmutter, Mutter und Kind", und Kindeskinder, eine jede von ihnen Familie gründend. Attila besuchte uns in diesem Monat sechzehnmal. Bis in den Herbst hinein verging kein Abend, an dem der Rottenverband nicht vollzählig kam und die Große Bärin eine halbe, eine ganze, ja anderthalb Stunden abwechselnd bei Karin, Edith und mir aus den Händen schmauste. Dabei konnten wir ihr wie eh und je die ganze Hand im Gebrech lassen, es wäre dem guten Tiere nie eingefallen zuzubeißen. Äpfel hatten es ihr zu allen Zeiten angetan. Davon konnte sie nicht genug bekommen. Wenn es keine mehr gab, klagte sie in einem hohen, feinen Ton leise vor sich hin.

Abgestürzt

Am 10. April erschien Jutta mit nur fünf Frischlingen. Den sechsten fand einige Tage darauf der Oberförster unter der hohen Steilwand der Bärenklippen, in denen der Wechsel im Stangenholz auf kurzer Strecke nur einen halben Meter vom Abgrund entfernt entlangführt – tot, abgestürzt, nur ein wenig Blut am Rüsselscheibchen. So dicht am Rande, da bedurfte es wahrlich nicht viel kindlichen Geschubses und Gedränges, daß eins den Boden unter den flinken Füßchen verlor. Traurig begrub ich das Wildschweinkind auf Fichtenbrüche gebettet und mit Buschwindröschen bestreut unter dem jungen Spindelbaum in der Fichtenschonung beim Geläut der Sonntagmorgenglocken.

Juttas Grabbesuch

Am Tage nach der Beerdigung des Frischlings fand ich Juttas Trittsiegel, das ich genau kannte – sie hatte das stärkste nächst Attila – an der Aufschlagstelle des verunglückten Frischlings und ging die Fährte aus, soweit die Bodenbewachsung es zuließ. Sie wies in südwestlicher Richtung zu der Fichtenschonung und endete unter dem jungen Pfaffenhütchenbaum! Was hatte die Mutter dorthin getrieben, was hatte sie dort gewollt?

An diesem Abend ließ sie sich von mir zum erstenmal streicheln. Da sie mit Sicherheit die Brettbache von 1960 war, also drei Jahre nach unserer ersten Bekanntschaft!

Vermenschlichend sagte ich zu Karin: „Sie hat mir dafür danken wollen, daß ich ihr Kind unter die Erde gebracht habe!" Karin, wie immer mein bestes Korrektiv, widersprach: „So nicht!"

Daß meine Gedanken, die mir immer wieder kamen, doch nicht völlig abwegig waren, sollte sich ein Vierteljahrhundert später erweisen, und zwar so:

Eines der Springinsfeldchen hopste dauernd vor Attilas mächtigem Wurf herum

Die wohl erstaunlichste Leistung des Forschertrios Erster Polizeihauptkommissar Werner Franke, Spürbache Luise und Kleinfamilienmitglied Rottweiler Bill erbrachte den Nachweis, daß ein Wildschwein – vielleicht nicht jedes, aber ein besonders feinnasiges, lernfähiges, willig-anhängliches Tier wie Luise – imstande ist, bis 70 Zentimeter tief vergrabene, für die Menschennase praktisch geruchlose Gegenstände aufzuspüren und mit größtem Eifer und unfehlbarer Sicherheit an die Oberfläche zu befördern.

Seitdem ich das weiß, besteht für mich kein Zweifel mehr, daß die kluge, gute Stammutter über mein Versenken und den Transport ihres Kindes im Rucksack so im Bilde war, wie meine Freiverlorensucher am 24. 2. 1962 nachts im Stockfinstern den Beutel mit Mais und Eicheln zwei Meter hoch an dem Astzacken der Fichte gewittert hatten... Daß sie meine ihr seit Jahren vertraute Spur im Steinbruch aufgenommen, wie der beste Schweißhund bis zu dem Rotkehlchenbrotbaum, wo ich den Frischling für die Dauer des Grabschaufelns abgelegt hatte, ausgearbeitet und gewittert hat, was darunter begraben liegt – und zwar in weniger als 70 Zentimeter Erdtiefe! – mit dem Unterschied, ihr totes Kind nicht auszugraben!

Werner Franke sagt: „Jede Familie hat ihre Eigenwitterung."

Der beste Freund

Maxel war nach wie vor liebenswert, auch wenn er seine harmlose Untugend, mich am Mantelsaum festzuhalten oder in den dicken australischen Gehstock – Geschenk des Oberförsters – zu beißen, beibehielt. Ihn, Karin und Edith verband ein besonderes Freundschaftsverhältnis. Auf Maxel hätten sie reiten, bei Maxel hätten sie schlafen können. Er sah und hörte uns vom Waldrand aus zu, wenn wir auf dem letzten Grundstück am Wal-

de, wo wir im Nachwinter einen Schuppen für Vorräte gemietet hatten, Hürden reparierten und hämmerten. In der schönen Abendsonne des 4. Mai hielt er Ausschau von der fichtengekrönten Kuppe des Buchensteilhanges, schwarzbraun mit weithin leuchtendem weißem Kennzeichnungspunkt, und folgte klug meinem Zuruf: „Komm runter, Maxel, hier bin ich!" Er begleitete mit Abstand und Anstand ein junges Mädchen auf dem Heimweg von ihrem Waldspaziergang – Fräulein Almut Wegener, die sich etwas besorgt nach dem ungebetenen Kavalier umschaute, der sich aber durchaus ritterlich benahm.

Lymphadenose?

Ende seines Haarwechsels, am 11. Mai, bemerkte ich zu meinem Schrecken, daß er in jeder Kniefalte eine Beule hatte, links fast walnuß-, rechts haselnußgroß. Die Symmetrie schien eine Verletzung durch Streitigkeiten auszuschließen. Meiner Beschreibung nach äußerte Herr Tierarzt Dr. Busse Verdacht auf die unheilbare Lymphadenose und klärte mich auf: „Ausgelöst durch ein Virus, daher übertragbar. Sogar Infektion der Ungeborenen durch die Mutter ist möglich. Lymphadenose geht mit krankhafter Vermehrung der Lymphozyten, einer Unterart der weißen Blutkörperchen, einher, führt zu tumorartigen Veränderungen mit starken Schwellungen an Milz und Leber, aber auch anderen Organen, z. B. Augen und Lunge. Kann sehr langwierig sein, endet allemal mit dem Tod des erkrankten Tieres."

Wir waren tief unglücklich darüber, daß es immer die uns Liebsten, Vertrautesten traf.

Auf dem Heimweg von der Friedenskanzel querwaldein am 12. stieß ich – als wäre es ein schlechtes Vorzeichen – auf ein Stück Fallwild. In unserem Fütterungsjagen 28! Reh? Nein, Fuchs; graubereifte Keulen, Lunte umgeschlagen, Kopf im Fallaub. Der erste Gedanke war immer: Tollwut! Dreißig Gänge unterhalb der Waldstraße aber wohl eher ein Opfer des motorisierten Verkehrs. Ein Alter, Überalterter vielleicht. Der Merkwürdige vom 8. Januar, der mich bei hellem Vollmond im Eichenbaumholz auf sieben Gänge anscheinend weder eräugt, noch gewindet, noch vernommen hatte? Hier mußte ich mit dem Spaten wiederkommen...

Attila läßt sich abermals streicheln!

Abends, noch bei gutem Licht, war ich von den jungen Müttern Schwarz- und Graugesichtel, Tönnchen, Seidenhaar und ihren Frischlingen umgeben. Bald kam auch Attila vom Dachstein her, stritt Jutta ab, suchte hinter der Krippenbuche, machte auch der Bärinfamilie, die mit Verspätung eintraf, die Mahlzeiten streitig, umkreiste mich und

war auf einmal in Reichweite meiner Rechten! Und nun, in meiner tiefsten Niedergeschlagenheit um Maxel, der sich an mein linkes Bein drängte und mir beim Streicheln wieder eine Menge seiner schönsten Federn spendete, wurde mir noch einmal eine unerwartete, hochbeglückende Tröstung zuteil. Ich machte mich so klein, daß ich Attila in die guten, heute blau erscheinenden Lichter sehen konnte, und ohne die geringsten Bedenken, in der Gewißheit der jahrelangen Brüderlichkeit, streichelte ich ihn über das harte Haar seiner mächtigen Stirn, einmal, zweimal, dreimal, und kraulte ihn in der grauen Wolle hinter den Tellern, ständig mit ihm sprechend. Auf den Tag genau drei Jahre und zwei Monate nach unserer ersten Begegnung! Diesen erneuten Vertrauensbeweis des Keilers nahm ich als tröstliches Zeichen des Himmels. Und Gott Lob bestätigte sich die schlimme Befürchtung Lymphadenose bei Maxel nicht. Am 16. gingen die Geschwüre auf, und vom 19. ab machte die Heilung rasche Fortschritte. Am 28. 5. kam er mir abends im schönsten Sonnenschein bei einem der Häuser am Walde entgegen, begleitete mich, mit Äpfeln empfangen, in den Bestand und begrüßte Moritzel, der vom Buchensteilhang herunterkam, freudig mit dem lautstarken ö – ö – ö.

Tönnchen, das spätere Hamsterbäckchen

Großtrauertag

Der Dienstag nach Pfingsten wurde für uns zum Großtrauertag. Als ich um 20^{40} unter die ersten Bäume trat, fielen Luftlinie drei Kilometer entfernt kurz hintereinander zwei Kugelschüsse. Schuß und Fangschuß? Die Familien verspäteten sich. Als nach und nach alle versammelt waren, fehlten Maxel und Moritzel. Einer kunstlosen Kanzeldoublette zum Opfer gefallen! Für uns wiederum ein schwerer Verlust. Auf meine Bitte war Herr Fritz bereit gewesen, das Zweigespann zu filmen, zumal sie die einzigen waren, die noch bei Tageslicht kamen. Doch da waren sie ausnahmsweise einmal ausgeblieben. Auch hatte ich Maxel in einem umständlichen Verfahren auf Farbtüchtigkeit prüfen wollen. Am meisten aber schmerzte uns der Verlust der so geliebten Tierpersönlichkeiten.

Wenn wenigstens einer von der Kugel verschont geblieben wäre! Der Überlebende hätte sich damit abfinden müssen wie Borstenbärchen mit dem Verlust seiner Lieblingsschwester Benjamin.

Hier hat es an der ethischen Grundeinstellung des Schützen gefehlt, die mein Freund Werner Klotz verkörpert, der doch wahrhaftig ein passionierter Schwarzwildjäger ist. In seinem flott und mit Herz geschriebenen Erlebnis- und Erfahrungsbuch „Sauen, Sauen, Sauen" Verlag Melsungen J. Neumann / Neudamm 1989, erste Auflage, S. 44 bekennt er: „In meinem ganzen bisherigen Jägerleben habe ich bei der Schwarzwildbejagung niemals mehr als ein Stück je Ansitz geschossen, wenngleich ich oft genug Gelegenheit gehabt hätte, meine Strecke zu erhöhen. Uns Jägern geht es ja nicht um die Menge, sondern um den selektiven Abschuß bei Sauen." Und weiter, S. 28: „Und darum

Nach dem Bad in der tonhaltigen Suhle in „Poseidons Fichtenhain" Abteilung 36 sieht Attila grau aus

Schwarzwildexperte Werner Klotz mit dem Gewaff seines stärksten Hauptschweines. Das ist ein „Beresowka-Basse". Solche sollen heranwachsen!

ging es mir von Anfang an: Schwarzwild waidgerecht und planvoll zu bejagen und nicht zu bekämpfen. Leitbachen erhalten und dadurch Wildschaden weitgehend vermeiden; starker Eingriff in die Frischlingsklasse, wenn auch im Feld zur Sommerzeit fast nicht machbar." Und S. 30: „Hierzu möchte ich aber sagen, daß ich bei einem selektiven Abschuß nur auf schwache Frischlinge, schwache Überläufer und starke Sauen waidwerkte. Viele Gelegenheiten, ein mittelaltes Stück zur Strecke zu bringen, habe ich in Anbetracht der Hege nicht genutzt. Nur diese Bejagung kann uns langfristig wieder Hauptschweine vor die Büchse bringen."

Krasse Fehlabschüsse

Also auch unter diesen fortschrittlichen Gesichtspunkten war der Abschuß von Maxel und Moritzel ein Fehler und beklagenswert. Was hätten aus den vom Frischlingsalter an gut ernährten, hoffnungsvollen Überläuferkeilern für Hauptschweine werden können! Bei ihnen hätte man sogar ohne Gefahr wie Karin bei Schneeweißchenbär den jährlichen Zuwachs des Abschliffs der Gewehre an den Haderern messen und registrieren können – wichtig für die Wissenschaft auch insofern, als die bisherige Theorie, ein Zentimeter Schleiffläche pro Jahr, zunehmend umstritten ist. Noch drei Jahre zuvor hatte der Oberförster gesagt: „Wir haben ja im Forstamt beschlossen, keinen Sommerkeiler mehr zu schießen."

Ich brachte es über mich, Herrn Dr. Busse zur Untersuchung der Erlegten auf Trichinenbefund zum Forstamt zu begleiten. Sie waren es. Alle Merkmale stimmten: Maxels mausgraue Unterwolle, Moritzels Schokoladenbraun, der Gewichteunterschied von 15 Pfund, die verschiedenen Pürzellängen, die letzten spärlichen Kennzeichnungsborsten, die fast abgeheilten Geschwüre in den Kniefalten von Maxel.

Obgleich die anderen achtzehn und besonders die Bärin mich allabendlich trösteten, gab es mir doch jedesmal einen Stich durchs Herz, wenn ich die Vorratsschuppentür leise öffnete und mir plötzlich zum Bewußtsein kam: Brauchst dich ja nicht mehr vorzusehen – sie suchen dich nie mehr auf...

Zwiegespräche

Wenn am Dreifels der Rucksack leer war, sagte ich zur Bärin und ihrer Tochter Schwarzgesichtel leise, aber mit aller liebenden Eindringlichkeit der Stimme und so verheißungsvoll wie möglich im Ton: „Bleibt schön hier, Bärchen, ich komme bald wieder, wieder, wieder! Ich hol' Euch noch Eicheln und Mais!" Dabei hielten sie lauschend den Kopf schief, als bemühten sie sich, das Versprechen zu verstehen, und immer waren sie bei meiner Rückkehr noch da oder meldeten sich aus der Nähe mit einem verhaltenen Antwortbrummen. War mein Handteller leer, so stießen sie mich mit der Nase an oder klopften mit dem Kinn auf meinen Oberschenkel: „Mach weiter!" Reagierte ich nicht sogleich, so mahnten sie mich mit einem kurz gebrummten „MM". Wenn der Säugling sie an der Wurzelkrippe verdrängte, blieb ihnen immer noch das Angebot aus meiner Hand.

Sommernachtstraum

Am 21. Juni brachte die Bärin im Pelz ein Glühwürmchen mit, das flügellose Leuchtkäferweibchen, das sich in ihrer Sommerunterwolle eingenistet hatte und so die ganze Waldreise auf dem Rücken ihrer Trägerin mitmachen durfte. Sie trug ihr Lämpchen den ganzen Abend mit sich herum. Auch 24 Stunden später war es noch unversehrt und leuchtete zauberhaft mit seinem grüngolden glimmenden Licht...

Des Nöcken Harfenschall

Tief in der Nacht der Sommersonnenwende stand ich allein noch in der „Spitze". Meine achtzehn waren zufrieden abgezogen. Weit und breit die Stille mitternächtlicher Stunde. Der leise, laue Regen war verstummt, nur der Wasserfall in der Quellschlucht rauschte. „Nun ruhen alle Wälder... es schläft die ganze Welt..."

Da horch! ertönte ein wundersamer, traumverlorener, süßer Gesang! Er schien aus der Höhe der grau verhangenen Buchenwölbung über dem Hohlweg zu kommen – oder war er doch erdnah und hinter mir? Wer war der einsame Sänger, der hier noch wachte? Ein Rotkehlchenmännchen, das seinem brütenden Weibchen etwas vorsang? Aber das Rotkehlchen singt nicht zu Mitten der Nacht und hat andere Weisen. Die Nachtigall? Aber die schlägt nicht in den offenen Buchenhallen ohne alles Gebüsch und Unterholz. Was für wunderbare Motive, welcher Reichtum an Melodien, welche Mannigfaltigkeit der Strophen! Ich lauschte entzückt, entrückt – wie gebannt. Hier hatte der Schöpfer ein einziges Vogelkehlchen mit einem ganzen Chor begabt und mehrere Meisterinnen der Musika in einer Stimme vereinigt!

Das Wunder hat seine Stunde... „Es tönt des Nöcken Harfenschall, da steht der wilde Wasserfall... die Bäume neigen sich tief und schweigen und atmend horcht die Nachtigall..." So erlebten der Dichter August Kopisch und der Komponist Karl Loewe das Wunder.

Auch in den folgenden Nächten beglückte mich der Nöck mit seinem zauberhaften Gesang, immer zur gleichen, der elften Nachtstunde.

Dann wußte ich, wer sein Künder war – schlicht: der Sumpfrohrsänger, der Vielstimmige.

Abend und Morgen

An den langen, hellen Abenden stellte sich unsere Rotte immer erst gegen zehn Uhr nachts ein. Die Zusammenkünfte wurden dadurch heimlicher und romantischer, dehnten sich aber bis Mitternacht und oft bis in die erste Morgenstunde aus. Ich konnte es mir leisten, auch mal im Nachbarrevier anzusitzen, und kam auf dem Rückweg immer noch zurecht. Von der Dreieckskanzel in 69 hatte man allemal guten Anblick auf Reh und Fuchs, Hirsch und Sau. Dort sah ich nach vier Jahrzehnten eines der gefiederten Kleinode meines heimatlichen Wilkauer Bruches wieder, den selten gewordenen Wiedehopf. Er kam von den Viehweiden her über dem langen Gestell schnurgerade auf mich zugestrichen. Erst dicht vor mir, als er im letzten

Moment den Menschen auf der Kanzel bemerkte, richtete er die im Flug angelegte Federhaube zur Fächerkrone auf.

Der Froschjäger Iltis, der auf unserer Heimfahrt vom Ansitz auf die Kolbenhirsche kurz vor dem Auto des Oberförsters die Waldstraße Richtung Steilhang überquert hatte, riß das einzige mir in unserer Fütterungsecke bekannte Wildkaninchen und schleppte es im typischen Rückwärtsgang in sein Versteck unter den Steinplatten der Steilhanghalde, worauf der Graureiher, der sich auf dem höchsten Fichtenwipfel der Kuppe zur Nachtruhe eingeschwungen hatte, mit ärgerlichem Rauhruf wieder abstrich.

Großversammlung

Jutta mit ihren Frischlingen und den frühjahrskinderlosen Töchtern Bärin und Säuglingsbache kam meist von den angestammten nördlichen Lieblingseinständen Jagen 26 oder 69 her, die vier Jungfamilien aus dem Himbeerhang im Südosten, wo sie erst nach den strengen Frostnächten gefrischt und ihren Nachwuchs durchgebracht hatten.

Wenn beide Rottenverbände am Dreifels zusammentrafen, ging uns die Übersicht nahezu so verloren wie bei der Frischlingsinvasion am Frühlingsanfang. Eine derartige Massenansammlung spielte sich natürlich nicht mehr mit der wünschenswerten Heimlichkeit ab, sondern mit allerlei forderndem Quieken, „Musizieren", wie wir das quengelnde Betteln der Kleinen nannten.

Getrennt betreuen

Musiziert hatten manchmal auch schon unsere ersten Sieben an der Friedenskanzel, zwar leise, indessen fordernd genug, so daß Edrth mich einmal gebeten hatte: „Gib ihnen doch schon was!"
Bei der großen Kinderschar übertraf aber nun eine Stimme die andere – es nahm überhand. Meine Monatsliste verzeichnet unter dem 10. Juli: „Großer Konzertlärm"! Der konnte früher oder später, zumal so bequem stadtnahe, zum Verräter werden, woran uns natürlich nichts gelegen war. Um die Rotten getrennt zu betreuen und gleichzeitig Zaungästen in der Kursaison auszuweichen, mußten wir einen zweiten Futterplatz finden. Was lag näher, als die Jungfamilien auf ihrem Anwechsel im Himbeerhang aufzuhalten! Dann konnte es keinen Lärm mehr geben, keine Drängelei, keine Eifersüchteleien, keinen Streit, wir würden allen gerecht werden können.

Auf der Anhöhe hinter dem Jagdhäuschen bot sich in dichter Naturverjüngung zwischen vier Buchen ein verschwiegenes Plätzchen, nur eben Raum genug, um unsere vier Lieblinge Schwarz- und Graugesichtel, Tönnchen und Seidenhaar vor meinen Knien reihum aus der Hand zu füttern, wenn sie ihre Kinder „abgelegt" hatten. Die fünfte Buche diente mir als Rückenstütze.

Wolli

Am 1. Juli saß ich dort an. Der Abend war schwül und es drohte Gewitter; erst nur mit Wetterleuchten hinter den Bergen, und wenn ich zählte, noch beruhigend weit. Schließlich der erste Zickzackblitz und Donnerschlag auf dieser Seite. Ich wollte aufstehen, aber da wand sich etwas Graues um meinen Mantelsaum, machte sich lang, bewindete meine Stiefelspitzen – ein tollwutzahmer Steinmarder? Beim Griff nach der Taschenlampe rutschte mir der Hut von den Knien. Mein kleiner Besucher nahm es nicht übel. Und wo es schon so oft geblitzt hatte, konnte ein Taschenlampenblitz nichts verderben. Ja, er war es, Wolli, ein Jungfuchs; äugte mich in kindlicher Neugier an, machte sich aber auf meiner Spur bergab aus dem Staube. Auf dem Heimweg schlug der Blitz mit gewaltigem
Zischen in die Weser, als wenn ein riesiger Feuerball im Wasser zerplatzt, wie beim Bleigießen! Karin, die mir entgegenkam, sagte hernach: „Ich dachte, was ist denn das Dunkle da quer über den Weg?" – Ein vom Blitz gefällter Baum! Wäre ich gerade darunter durchgegangen...? –

Vom nächsten Abend an und den halben Juli setzte ich mich am hohen Hang des Wanderweges zum Luginsland an, allerdings immer nur sehr spät, wenn nicht mehr mit zurückkehrenden Ausflüglern zu rechnen war. Dort war an der Quelle ein natürliches Becken entstanden, das frischen Zu- und Abfluß hatte und immer klares Wasser führte.

Zu meiner Freude besuchte Wolli um 21^{15} mich auch hier und nach einer Viertelstunde noch einmal. In der letzten Dämmerung tauchte sehr heimlich ein Reh auf – Ricke, trat an die Tränke, wandte mir den Spiegel zu, schöpfte und verschwand so leise, wie sie gekommen war. Bald darauf hörte ich den Jungfuchs klagen. Wahrscheinlich war er ihrem Kitz zu nahe gekommen und sie hatte ihm eins übergezogen. Ein altes Rottier schreckte tieftönig ob der Störung.

Am nächsten Abend löschte Wolli noch bei gutem Licht an der Tränke seinen Durst. An den für ihn ausgelegten Brocken Hundekuchen schnürte er vorüber, nicht ohne mit einem mißtrauisch-veräcntlichen Blick noch einmal zurückzuäugen.

Neue Versuche

Am vierten Abend machte ich den ersten Versuch, die Himbeerhangrotte abzufangen, und begegnete ihnen auf halber Höhe, wo einer ihrer Wechsel aus dem Scheppergrund über den Wanderweg führt. Den Scheppergrund, ein unzugängliches, nie ergründetes Luch, nannten wir so, weil sich aus ihm ihr Kommen immer durch Scheppern wie von Blechbüchsen und anderem Wohlstandsgerümpel ankündigte. Wir lächelten uns dann an und hauchten: „Sie machen wieder Polterabend!" Sie kamen nie verletzt, aber immer naßgesuhlt aus dem Luch. Es schien auf Anhieb gelungen. Die Überraschung, schon hier auf ihr Futter zu stoßen, ließ sie den fremden Platz fürs erste vergessen. Als der Rucksack leer war, holte ich Nachschub aus dem Vorratsschuppen. Bei meiner Rückkehr sah ich gerade noch ein schwarzes Stück hangaufwärts flüchten! Ich leuchtete hin; anleuchten konnten sie ja; aber anscheinend nicht hier, wo allenfalls die Taschenlampe eines verspäteten Wanderers einmal aufleuchten mochte. Da standen sie nun, acht schwarze „Bären", einer neben dem anderen, und rückten und rührten sich nicht.

Ich ließ Mais auf den Weg rieseln, ich redete ihnen gut zu, ich lud sie freundlich-beschwörend ein – nichts half. Ich schwieg und wartete – nichts geschah. Nachdem der erste Hunger gestillt war, trauten sie sich nicht mehr auf den Weg mit seinen sicherlich vielen Fremdgerüchen. Die dreiste Säuglingsbache war hier scheu, die immer vorsichtige Bärin noch zurückhaltender als sonst. Die neue Stelle fand nicht ihre ungeteilte Zustimmung! Endlich faßte sich eine der Überläuferbachen ein Herz und kam herunter; da folgten auch die anderen. An einer Buche weiter unten in der Naturverjüngung schien es ihnen dann recht zu sein. Die Bärin nahm mir eine Birne ab, nach längerer Zeit auch Mais aus der Hand, blieb bis eine Stunde vor Mitternacht bei mir und zog dann zum Schöpfen oder Suhlen in den Scheppergrund zurück. Der Bann schien gebrochen.

Am nächsten Abend ging Karin in der Hoffnung, Wolli zu begegnen, den Wanderweg hinauf, während ich am Wurzelteller die Altfamilie erwarten wollte. Es besuchten mich aber die Jungfamilien und hielten mich bis zehn Uhr fest.

Dann erst konnte ich Karin wie verabredet abholen gehen. Bei meiner Annäherung hörte ich sie leise sprechen – also hatte auch sie Besuch bekommen. Wen? Wieviele? Sie gerieten nun durcheinander und verzogen sich. Meine „Schuld"! Ich hätte mich anmelden, mit der Stimme bemerkbar machen müssen; meine Witterung allein genügte hier offenbar nicht. Karin mußte sie dann lange bitten, bis sie wieder in ihre Naturlaube einwilligten.

Auf diesem Heimweg erlebten wir gegen 22^{55} die Mondfinsternis vom 6. Juli 1963.

Schmausi und Pfiffiküßchen

Die um den 29. März geborenen, sehr zutraulichen Sprößlinge Juttas – zwei Generationen nach unseren Sieben von 1961 – hatten ihr Vertrauen zu uns wohl schon mit der Muttermilch eingesogen. Besonders anhänglich und liebebedürftig waren zwei Keilerchen und ein Bächlein. Anfangs schauten sie nur erwartungsvoll wie bittend zu uns auf, ließen sich kennzeichnen und versuchten, auf unsere Knie zu steigen. Nach Ihren Eigenschaften nannten wir den einen Schmausi – er hätte eigentlich Schmusi heißen müssen, weil er sehr verschmust war –, sein gewitztes Brüderchen: Pfiffiküßchen. Die geringste Wulstbildung eines etwas heruntergerutschten Überstrumpfes wußte er als Stütze zu nutzen, um uns zu „erklettern" und an das Säckchen mit Mais auf unserem Schoß zu gelangen, jeden Abend viele Male. Schmausi sah ihm das Kunststück ab, konnte aber nur den rechten Vorderlauf auf meine Knie legen; mit dem linken angelte er in der Luft herum, bis ich ihm half.

Schmausi lernte innerhalb einer Abendstunde so zart aus der Hand zu nehmen wie Benjamin voreinst erst nach und nach.

Mutter Jutta schaute zufrieden zu und blieb bei uns bis einhalb elf Uhr nachts. Am 9. Juli bewies Wolli plötzlich einen ungewöhnlich lockeren Hals und bellte mitgezählte 34 Male – weshalb, war nicht erkennbar. Am 11. lösten wir uns erst zehn Minuten nach Mitternacht von ihnen, am 12. sogar erst um halb eins.

Ein Himbeerpflücker

Der 14. Juli, Geburtstag meines väterlichen Freundes und allerersten jagdlichen Lehrprinzen, des Freiherrlich von Schlichting'schen Oberförsters Brieger, ist für mich ein unauslöschlicher Gedenktag aus Kindheit und Jugendjahren. Nach der Kaffeetafel begab sich der Oberförster mit den Geburtstagsgästen zu einem kleinen Scheibenschießen auf seinen idyllisch im Walde gelegenen Scheibenstand, und ich durfte stolz die Büchse tragen. Nach 75 Jahren noch bewahre ich im Schußbuch meine erste Ehrenscheibe mit dem Bild des röhrenden braunen Gebirgshirsches auf, die seine bestätigende Widmung vom 14. Juli 1922, den grünen Forstamtsstempel und seine schöne, straffe Unterschrift trägt.

Der 14. Juli 1963, 95. Geburtstag meines sechseinhalb Wochen vor Ausbruch des Zweiten Weltkrieges verewigten Lehrmeisters, fiel auf einen Sonntag. Ich feierte ihn mit einem gedankenvollen Frühspaziergang zum Luginsland.

Und wie ich so stieg, links Felswand, rechts Abhang, hörte es sich an, als ob eine hohlliegende Steinplatte auf die darunter liegende feste klappte. Mit zwei Schritten an den Wegrand und langem Hals sah ich dem Verursacher des Geräusches auf Haupt und Rücken: ein Wildschwein, das drei Meter unterhalb im Grüngerank mit Hingabe und großer Behutsamkeit Himbeeren pflückte, Beere um Beere. Sah ich recht oder bildete ich es mir ein: mit geschlossenen Lichtern! Und die jedesmal nachzitternde Ranke mit dem verbliebenen weißen Fruchtboden bewies: es hatte die süße Kost fein säuberlich abgestreift! Wer war der Genießer? Fraglos einer der Unsrigen, sonst hätte er mein Kommen und Zuschauen nicht ausgehalten. Um ihn in seinem Vitamingenuß nicht zu stören, sprach ich ihn nicht an – ich hatte ja nichts Besseres zu bieten. Still, aber ein Erlebnis reicher, stieg ich weiter in den Sonnenaufgang bergan...

Erfüllter Wunschtraum

Vier Morgen danach drückte sich Wolli fast an derselben Stelle, wo wir einander schlecht ausweichen konnten, mit angelegten Gehören an meinem Mantelsaum vorbei. Eine Wegstunde weiter, auf einem Grasgestell im Nachbarrevier Wahmbeck, wühlte ein Frischling sechzig Meter vor mir eifrig die Grasnarbe auf. Der Kennzeichnungsfleck war über Nacht zwar verblaßt – aber sei's drum! „Schmausi!" rief ich, und in heller Vorfreude auf etwas Gutes aus meiner Hand kam er auf mich zugesprungen. Er hatte keine zehn Meter mehr bis zu mir, da meldete sich links in der Dickung die Bache, und aus vollem Schweinsgalopp riß es das gehorsame Kind herum! Die Stimme der Mutter war stärker gewesen als der Lockruf des Freundes. Gern ließ ich es mit diesem Gehorsamsbeweis bewenden. Die ihm zugedachte Birne legte ich in meine Spur, hoffend, nur er würde sie sich alsbald zu Gemüte führen.

So hatte ich es mir immer gewünscht: daß ich von irgendwoher im Walde nur zu rufen bräuchte, und schon käme einer meiner Brüder Tier erwartungsvoll herbei! Der Wunschtraum war in Erfüllung gegangen, sogar im fremden Revier.

Am 26. Juli setzte sich Karin mit Edith auf dem Stammstummel des Wurzeltellers an; ich stieg den Jungfamilien in den Himbeerhang entgegen. Am Quellbecken begegneten mir Wolli und eins seiner Wurfgeschwister, die nun bereits schön fuchsrot waren. „Oben" trat schon Wild umher. Dicht vor mir grunzte es Begrüßung aus der Verjüngung. Schnell schüttete ich an drei Stellen Mais aus, und kaum war ich damit fertig, teilte das mächtige Haupt der Bärin die Blätterwand, senkte sich und gab sich in aller Ruhe der Mahlzeit hin. Mit dem übrigen Körper blieb sie in Deckung! Sie war die letzten Tage noch vorsichtiger geworden, weil sie kurz vor dem zweiten Frischen stand. Als sie schließlich heraustrat, wandte sie sich mit einem unbeholfenen Satz gegen einen Überläufer, wohl das Waisenkind, das ihr zu nahe gekommen war. Die Säuglingsbache störte wieder, und die Bärin weinte leise – vielleicht weniger der unleidlichen Schwester wegen, als: weil die Ungeborenen ihr Beschwerden machten.

Liebe macht blind

Die Blattzeit stand auf dem Höhepunkt. Karin saß allein am Wurfboden an. Und siehe, da kam der Rehbock mit dem enggestellten Gehörn, den ich im Frühjahr mit einem Schmalreh im angründenen Quellgrund hatte umherbummeln sehen und der nun trieb, seelenruhig auf der Böschungskante des Hohlweges auf sie zu, ohne zu verhoffen, ohne auch nur einmal aufzuwerfen, und zog friedlich auf doppelte Armeslänge zur Rechten an ihr vorbei. Liebe macht blind, und unsere vertrauenerweckende Schwarzwildwitterung hatte ein übriges getan. Und natürlich hatte Karin mit keiner Wimper gezuckt und war nur mit den Augen mitgegangen.

Rund um die Blockholzer Berge

Am 29. Juli fand Jutta, die wir lieber am Dreifels und Wurzelteller behalten hätten, in einem weiten Bogen über Mittelfütterung und Zweiten Kopf sozusagen „hintenrum" zu uns in den Himbeerhang – eine rätselhafte Leistung, weil sie unserer Spur nicht hatte folgen können; denn wir hatten den Dreifels immer mindestens dreihundert Meter links liegen gelassen und waren geradeswegs zur „Laube" aufgestiegen. Damit war der Kreis geschlossen. Wir hatten unsere Freunde in einem über fünf Kilometer großen Ring rund um die Blockholzer Berge gefüttert, mit Ausnahme der Rotwildeinstände Jagen 56 und 55, die für uns auch zu entlegen waren.

Zweitfrischlinge 1963

Die ersten zwei Augustwochen war die Bärin unsichtbar, weil sie ihre jüngsten Sprößlinge behüten und säugen mußte. Als sie wieder erschien, führte sie drei Frischlinge, die Säuglingsbache fünf. Karins „Erfindung", die lauschige Naturverjüngungslaube, war mittlerweile zum Stelldichein, ja zur festen Einrichtung geworden, wo Wolfgang Fritz im August und September die schönen, großen Farbaufnahmen mit der Bärin, Schwarz- und Graugesichtel, der Säuglingsbache und den Spätfrischlingen gelingen sollten.

Nasenküßchen

Am Wurzelteller wurde die Tuch- und Borstenfühlung mit Juttas Kindern, besonders mit dem zutraulichen Dreigespann, von Mal zu Mal enger und herzlicher. Es verging kein Abend, an dem Schmausi, Pfiffiküßchen und ihr Schwesterchen bei Karin, Edith und mir nicht reihum auf unsere Knie stiegen und aus den Händen schmausten. Das letzte Julidrittel und der ganze August standen im Zeichen dieser drei. Sehr verwundert fand ich in meiner Monatsliste unter dem 14. 8. den Eintrag: „90 Nasenküßchen!", unter dem 15. 8.: „100 Nasenküßchen"! Denn ich hatte immer geglaubt, die Kleine Bärin wäre es gewesen, mit der ich vor der Frischzeit 1964 die ersten Nasenküßchen ausgetauscht hatte. Die Anzahl der Zärtlichkeiten ist hier wohl nicht wörtlich zu nehmen, denn gezählt habe ich nicht; es soll nur bedeuten: unendlich viele, unablässig. Bei dem innigen tête à tête ergab es sich von selbst, daß sich auch die Nasen immer wieder berührten.

Der rote Blitz

Anfang August fand sich Wolli bei Karin und Edith an mehreren Abenden hintereinander ein. Am 5. spielte er mit ihnen um die nächste Buche

*Karin tête à tête mit Schmausi,
rechts Hamsterbäckchen*

*Karin gibt Schmausi Hilfestellung
vorn: Pfiffiküßchen und Hamsterbäckchen,
hinten: Jutta*

regelrecht Guckguck, näßte auf ein Häufchen Mais, stürzte sich auf einen krabbelnden Mistkäfer und versuchte vergeblich, einen Apfel aufzunehmen, der für seinen kindlichen Fang zu groß war. Den Apfel mit den deutlich sichtbaren Bißspuren brachten mir meine Lieben mit nach Hause... Drei Abende später tauchte zum erstenmal der arme lauflahme Winzling, wohl Kind von Tönnchen, auf. War er gestürzt, getreten worden, oder war sein Hinken ein Geburtsfehler? Jemand merkte beizeiten, daß hier etwas zu holen war: Wollis Mutter, die Fähe. Durch das sperrige Gezweig unserer Naturlaube beobachtete ich am hellen Abend, wie sie uns umschlich, und wunderte mich, daß die vier Bachen Bärin, Schwarz- und Graugesichtel und Säugling sie anscheinend gewähren ließen. Bis dann plötzlich eine wie ein schwarzes Ungewitter durch die Büsche fuhr und der lüsterne Schleicher wie ein roter Blitz das Weite suchen mußte. – Dem Forstreferendar, Herrn Hauskeller, der einmal den Wanderweg zum Luginsland hinauf pirschte, ist das invalide Tierkind eine Strecke gefolgt – merkwürdig, und eigentlich erschütternd, als habe es Hilfe beim Menschen gesucht!

Bevor unser allzeit hilfsbereiter Tierarzt sich den armen Kleinen einmal ansehen konnte – ich selbst wagte nicht, ihn zu berühren, auch um ihm nicht wehzutun – blieb er für immer fort. Er wird der Fähe zu leichter Beute geworden sein, da er ja mit der Familie nicht Schritt halten konnte.

Tröstende Mütter

Daß Wildschweinmütter Ihre Kinder auch zu trösten vermögen, erlebte ich tief gerührt eines Abends bei noch gutem Licht im Weserhang Jagen 22. Es war der große Vorteil der Naturverjüngung, daß man sie dort am hellen Abend sichtgeschützt und ungestört versorgen und beobachten konnte. Vier der kleinen Streiflinge lagen, irgendwie geheimnisvoll „zu Bett gebracht", sicherlich auch müde von dem beschwerlichen Anmarschwege über Stock und Stein, eng zusammengekuschelt unter einem sperrigen Jungbuchenbusch in Reichweite meiner rechten Hand. Schwarzgesichtel, Tönnchen und Seidenhaar schmausten friedlich vor meinen Knien aus beiden Händen, Haupt an Haupt. Sowie sich aber in dem Nest etwas rührte, ging eine von ihnen hin, tupfte mit dem Wurf behutsam einmal hier, einmal da auf die Kleinen und ließ dabei ganz verhalten ein paar unnachahmliche Zärtlichkeitslaute vernehmen, die auch prompt ihre Wirkung taten und die ich mir, ohne zu vermenschlichen, nicht anders als Beruhigungen und Tröstungen auslegen kann, ein mütterliches „Schlaft, Kinderchen, schlaft; es ist alles, alles gut. Wir sind ja bei Euch." In der Dreiviertelstunde, die eine Abendmahlzeit aus unseren Händen immer dauerte, wiederholte sich dieser Beruhigungsgang der sorgenden Mütter mehrere Male. Ich hätte sie bei ihrer Rückkehr jedesmal umarmen mögen, dankbar für das kostbare Geschenk dieses einzigartigen Einblickes in ihre liebevolle Kleinkinderbetreuung.

Verständigung

Mit der Zeit hatte sich eine Art Unterhaltung zwischen uns ergeben, bei der ich fast immer zu unterscheiden vermochte, was eine an mich gerichtete Anfrage oder Mitteilung war oder Verständigung untereinander oder Warnung, z. B. vor unsichtbaren Spaziergängern. Vier führende Bachen und 14 Frischlinge konnten dreißig Meter unterhalb des Wanderweges in einem kleinen Jungbuchenhorst so diszipliniert mucks-mäuschenstill kesseln, daß Ausflügler nicht das geringste ahnten und nicht eine Borste zu Gesicht bekamen. Als ich aber mit Herrn Rasmus und seiner Frau, die diesen Weg soeben heruntergekommen waren, noch einmal hinaufging und leise rief, kamen allmählich alle zum Vorschein. So gut kannten sie meine Stimme! Daß Wolfgang Fritz das Vertrauen der Rotte genoß, versteht sich von selbst; kannten sie ihn doch auch von frühester Kindheit an. Leider gibt es bei seiner Bescheidenheit nur die eine hier beigegebene Aufnahme von ihm mit Pfiffiküßchen, die Karin gemacht hat.

Schlechte Laune oder Wächteramt?

Dennoch keine Regel ohne Ausnahme.

Am 22. 8. ließ die Bärin uns und ihn anderthalb Stunden warten, obgleich sie in der Nähe war. Hatte sie andere Aufgaben, war sie „Chefin vom Dienst?" Die frischlingslüsterne Fuchsfähe umschlich uns immer wieder einmal. An meinem Geburtstag gab die Säuglingsbache Fuchsalarm. Au-

Der Fotokünstler Wolfgang Fritz betreut Pfiffiküßchen

Edith und die Große Bärin

Furchtlos strahlende Edith

genblicks drückten sich zwei Frischlinge, wo sie gerade waren, platt an den Erdboden; die anderen erstarrten in der Bewegung, und erst als die Wachthabende mit einem leisen Laut Entwarnung gab, kam wieder Leben in das Bild.

Der Monat September führte sich mit der wunderhübschen Blindschleiche ein, der nur das goldene Krönchen zur verzauberten Märchenprinzessin zu fehlen schien...

Am elften dauerte es abermals anderthalb Stunden – das schien so „ihre" Zeit zu sein – bis die Bärin, nachdem sie lange grollend umhergezogen war, endlich geruhte, sich mit Edith und mir dem Meister Wolfgang zu stellen. Vielleicht war ihr der Wanderweg nicht geheuer. Geduld und Ausdauer mußten wir halt haben. Schwarz- und Graugesichtel ließen sich von Karin an der dicken Buche bei dem großen Felsblock, den wir von da an den Karinstein nannten, aus beiden Händen füttern und so dabei fotografieren. Mir gewährte dann auch die Bärin diese Gunst. Man mußte ihr also nur Zeit lassen, sich einzustimmen.

„Leg dich mal um" sagte Wolfgang ein paar Tage später, weil ich sitzend das von ihm gewünschte Bild verdeckte, und machte die Aufnahme von dem „schlafenden Nährvater" neben dem ihre drei Kinder säugenden Graugesichtel.

Schreckliche Signalwirkung

Je näher das Ende der Kursaison rückte, desto ungestörter kamen wir auch wieder einmal am Dreifels zusammen.

Da erklang am 18. 9. jenseits der Weser auf der Bundesstraße eine Autohupe mit drei Tönen b-d-f-b-d ähnlich dem Dreiklang und Quartsextakkord der Jagdsignale. Beim ersten Erklingen: alle Häupter hoch! Beim zweiten: erhebliche Unruhe mit Hin- undher, trotz meines beruhigenden Friedensgrußes

Am Karinstein: Große Bärin, die drei Kinder von Graugesichtel und ihre Mutter, Schwarzgesichtel – mit zwei Zitzen!

dieser ganzen Zeit betreute Karin, zuweilen begeistert begleitet von ihrer Freundin Frau Ilse Hartmann, die kopfstarke Rotte, führte Buch und „Anwesenheitsliste" und erstattete mir immer ausführlich Bericht.

Ende Oktober zogen wieder Trupps von Rotkahlwild unter dem Dachstein durch. Einen Hirsch fährtete ich nur einmal bei Schnee – untrügliches Merkmal für die einwandfreie Männlichkeit des seltenen Besuchers: er hatte „vorschriftsmäßig" unter sich, zwischen den Vorder- und Hinterläufen, genäßt, nicht hinter sich.

Spätherbst und Vorwinter

Beständigkeit und Pünktlichkeit trugen auch unbeabsichtigte Früchte. Von Abend zu Abend kam die Hunnenbache mit zwei ihrer Frischlinge so pünktlich, daß man die Uhr nach ihr hätte stellen können, immer gegen halb acht. November und Dezember verliefen in aller Harmonie mit den verträglichen Familien. Da es ein schlechtes Mastjahr war, blieben sie der Fütterung treu.

Hoher Besuch

Sonntag, den 1. Dezember, kam der Präsident des Landesjagdverbandes Niedersachsen, Forstmeister Paul Schroeder, der unsere Handzahmen einmal sehen wollte, zu Besuch. Er brachte schönes Wetter mit: Sonne, Windstille, trockenen Frost und abends klaren Vollmondschein – den Fuchs und Sau nicht lieben, und so hatte ich meine stillen Bedenken. Um 19^{15} Uhr fuhren wir hinaus: der Forstamtsleiter, der Präsident, seine Gattin, ein Kind und wir. Kaum waren wir aus dem Auto gestiegen, regte es sich gleich vornean in der Fichtenschonung, wo ich nach Ostern den abgestürzten Frischling bei dem Spindelbäumchen begraben hatte. So weit waren sie uns noch nie entgegen-

„Ruhe – Ruhe – Ruhe", der sonst seine Wirkung nicht verfehlte. Beim dritten Signal war kein Halten mehr, und an diesem Abend kehrten sie auch nicht zurück.

Den gleichen Schrecken bei diesem Signal und ihre Flucht mit Nimmerwiederkehr erlebte ich am 13. 4. 1964, als die Große Bärin schon Urgroßmutter war. Ich war erschüttert, wie tief die böse Erfahrung sitzt: Also „wissen" sie doch, was Ihnen bevorsteht, wenn solche „Musik" an ihre Ohren dringt. Dem Kurkonzert hatten sie 1960 die ganze Stunde gelauscht!

Tapfere Vertretung

In den Übergangszeiten blieb es nicht aus, daß man sich durch Schwitzen und Frieren und wieder Schwitzen und wieder Frieren über kurz oder lang eine Erkältung zuzog. Vom 20. September bis zum 19. Oktober lag ich mit Grippe zu Bett. Während

Graugesichtel säugt ihre drei Kinder

gekommen! Die Bärinnen mitsamt der Frischlingsschar nahmen uns vertraut in Empfang und folgten uns, ohne zu betteln, auf dem Wege! Schon in der Quellschlucht bei der großen Suhle stellten sie sich zum Füttern, unsere Gäste brauchten keinen Schritt zuviel zu tun. Der Präsident muß eine besonders vertrauenerweckende Ausstrahlung gehabt haben. Wir waren sehr erstaunt, freuten uns aber aufrichtig, daß die feinfühligen Bärinnen ihm den Mais ohne Zögern vom Handteller nahmen wie einem altbekannten guten Freunde. Über allem Geschehen lag der silberblaue Schimmer einer zauberhaften Vollmondnacht.

Am folgenden Abend hätten unsere Gäste es ungleich schlechter getroffen: verhangener Himmel, Graudunkel, Regen und Schlackschnee. Mit nassen, kältestarren Händen wickelte ich Hunderte von Metern Telefondraht auf, der beim Abbau der Fernsprechleitung zu dem stillgelegten Steinbruch leichtsinnigerweise liegen gelassen worden war, ausgerechnet in dem Graben, den die Sauen täglich überqueren mußten.

Weihnachtszeit

Am Vorabend des Heiligen Abends, bei schönem Schnee und Vollmond, wartete ich siebzig Minuten vergeblich. Um 19^{10} rauschte vom Himbeerhang ein Kugelschuß das Wesertal entlang. Nach 40 Minuten fuhr ein Auto beim Jagdhäuschen ab. Der Forstreferendar hatte sich einen Weihnachtsbraten geschossen. Wenig später traf die Rotte bei mir ein, Stammbache Jutta mit nur vier Frischlingen. Gott Lob waren Schmausi, Pfiffiküßchen und Schwesterchen dabei. Im ganzen zählte ich an diesem Abend 24 Kopf. Wahrscheinlich waren Tönnchen und Seidenhaar von der Hochzeitsreise zurückgekehrt.

Ein Zwerghauptschwein

Der Abend des ersten Weihnachtsfeiertags brachte eine große Überraschung. Stampfte da bei dem Stubben an der Meilerstelle ein fremder Keiler auf vier Schritt zu meiner Rechten offensichtlich wütend zum Dreifels hinauf, ohne von mir die geringste Notiz zu nehmen! Deutlich sah ich fingerlange Gewehre blitzen. Auch sowas hatte ich noch nicht erlebt: im Wildbret ein Zwerg, aber Waffen eines „Beresowka-Bassen"! „Oben" herrschte alsbald großes Rauschzeitgetümmel. Um nicht zu stören, ging ich nicht hinauf. Schöner hätte sich das Hauptschwein mir ohnehin nicht präsentieren können.

1964
Mauricias Ende

Mauricia, Moritzels Schwester, war seit einiger Zeit gar nicht mehr so lieb, kniff mich zuweilen in den Finger und drängte und biß nach Art der aggressiven Säuglingsbache schwächere Artgenossen ab. Da waren wieder Eimer die Rettung, den einen oder anderen Liebling und das verschüchterte, bedürftige Waisenkind unangefochten ein wenig zu bevorzugen.

Für den 3. Januar 1964 war Treibjagd angesagt. Am Neujahrsabend gelang es uns mühelos, unsere Schützlinge zu kennzeichnen.

Am Vorabend der Jagd aber warteten wir bei Schnee und Frost zur Auffrischung der Kennzeichnung von 18 bis 23 Uhr, einander mit der Wache ablösend und bis zum Schlafengehen der Anwohner in dem letzten Hause am Walde abwechselnd uns aufwärmend. Als sie endlich kamen, ließen die Große Bärin und ihre Tochter Schwarzgesichtel, die wir allmählich die Kleine Bärin nannten, und die zutraulichsten Frischlinge sich nach einigem Zögern neu anmalen. Nur Graugesichtel, Moritzels Schwester und daher Mauricia umgetauft, war nicht zu bewegen herbeizukommen, und wich immer wieder aus, so daß mir schließlich lange nach Mitternacht bei Eisbeinen und kältestarren Händen die verdrossene Prophezeiung entfuhr:

„Da mußt du dich eben totschießen lassen!" Es war, weiß der Himmel, keine Verwünschung, nur die nüchtern ins Auge gefaßte Möglichkeit. – Ich hätte sie aber besser nicht aussprechen sollen... Totschießen wäre noch nicht das schlimmste gewesen. Doch das Flintenlaufgeschoß zerschmetterte ihr das Blattschaufelgelenk, und erst am nächsten Tage fand die Nachsuche statt, an die sich der beteiligte Forstreferendar, Herr Hauskeller, höchst ungern erinnerte. Aber abgesehen von dem schlechten Schuß des Unglücksschützen: der Forstamtmann i. R. hätte nur ein paar Augenblicke zu warten brauchen, um – wenn schon – einen der drei Frischlinge, die ihrer Mutter folgten, „der Wildbahn zu entnehmen". Mauricia war eine der führenden Bachen! Ich darf nicht daran denken, was sie gelitten hat – von der wir die schönsten Säugeaufnahmen besitzen.

Auf dieser Treibjagd erlegte Herr Revierförster Kreß ein zwergenhaftes Hauptschwein mit Mordswaffen, das aufgebrochen nur 104 Pfund wog, 28 Pfund weniger, als Maxel gewogen hatte. Das mag der Fremdling vom ersten Weihnachtsfeiertag gewesen sein. – Forstmeister Oskar Steinhoff: „Die stärksten Keiler gehen oft als Überläufer durch. In der Kindheit zu kurz gekommen – die Mutterbache abgeschossen – eine Krankheit im Frischlingsstadium. Sterblichkeitsquote bis zum 7. Lebensmonat 30 Prozent."

Die Schrecken der Jagd und der Nachsuchen müssen so groß gewesen sein, daß unsere Rotten drei Abende ausblieben. Welch nachhaltigen Schock mußte das Treiben für die klugen und guten Tiere bedeuten, und wie hoch war es ihnen anzurechnen, daß sie uns dennoch treu blieben, ihre bösen Erfahrungen nicht uns entgelten ließen.

Hamsterbäckchen

Nach dem Ausscheiden von Graugesichtel=Mauricia rückte Hamsterbäckchen an dessen Stelle als drittes im Bunde mit der Großen Bärin

„Unsere" Stunde: die Große Bärin

... bis ich ihm half

und ihrer Tochter Schwarzgesichtel=Kleine Bärin. Hamsterbäckchen, bescheiden und mütterlich, ließ die Kinder mit aus dem Eimer schmausen und schalt mich, wenn ich ihr ihn entzog und sie lieber aus der Hand füttern wollte. Als Einzige der völlig Handzahmen begrüßte sie mich nach längerer Trennung mit dem freudigen, viele Male lautstark ausgestoßenen, offenen „ö – ö – ö" wie ihresgleichen.

Im nachhinein ist es mir unverständlich, daß ich nicht auf den Gedanken gekommen bin, diesen ausgesprochen liebevollen Willkommensgruß, der doch eine ehrende Gleichstellung meiner Person mit ihren Artgenossen, also meine Aufnahme in die Schwarzwildfamilie war, unverzüglich mit den gleichen Freudenlauten zu beantworten. Werner Franke unterhielt sich mit seiner Luise in ihrer Sprache und lachte mit ihr von Herzen um die Wette. (Abb. in Gerstenberg S. 110, 175 und 206, Bastei Lübbe S. 201 und 289). Luise lacht mit weit geöffnetem Gebrech, was ich bei den Unsrigen in der Dämmerung nicht so genau beobachten konnte.

Die Klangfarbe der kurz und in schneller Folge lautstark ausgestoßenen Begrüßungslaute gibt Franke mit dem kurzen „ä" wieder; also mag das individuell verschieden sein, wie bei Menschenstimmen. Auch andere meiner Beobachtungen sehe ich durch ihn bestätigt und gestützt: daß Sichkleinmachen vertrauenerweckend wirkt und die Annäherung fördert; so bei den Frischlingen 1961 auf der untersten Leitersprosse oder sitzend und liegend auf dem Erdboden; so bei Attila 1962 auf dem Altarstein und 1963 am Dreifels beim Streicheln und Kraulen; daß sie Handzeichen gelehrig befolgen, wie die Große Bärin beim „Komm' rum, Bär!"; daß Stupsen mit dem Wurf und Klopfen mit dem Kinn „Mehr, mach weiter!" und sogar „Hab mich lieb" bedeuten kann.

Der Rottenverband

Schon ab Mitte Februar 1964 erwies Jutta sich wieder als sehr vertraut. Sie verstand mich genau, führte das Oberkommando über die vereinigten Familien und brachte, wo es not tat, Ordnung in die Kolonne. Aber nicht sie war es, die mir die ersten Frischlinge des Jahres zuführte, sondern die

Hamsterbäckchen

Hamsterbäckchen mit 5 eigenen Frischlingen und einem Kind der Kleinen Bärin

nunmehr zweijährige Kleine Bärin und das gleichalterige Hamsterbäckchen.

Nach wie vor fütterte ich die Bärinnen, Hamsterbäckchen, Schmausi, Pfiffiküßchen und Schwesterchen aus den Händen. Sogar den scharfen Geruch des Rheumapflasters nahm die Große Bärin in Kauf, witterte nur sehr gründlich an meinem Rücken. Als ich hingegen dem tierliebenden, ihr aber fremden Ferdinand Becker am 21. Februar die Freude machen wollte, sie aus der Hand zu füttern, mißglückte der Versuch, obgleich der Knabe zuvor auf meinen Rat eine halbe Stunde lang den Frischlingen in der Schwarte gewühlt hatte und sich die Hand von ihrem Speichel gehörig hatte einsabbern lassen. Sie grollte auf, prallte zurück, wandte sich gekränkt ab und zog grollend unter dem zweiten Fichtenhorst hin und her, solange wir noch da waren. Elf Wochen zuvor hatten beide Bärinnen dem ihnen ebenso fremden Präsidenten des LJV ohne jede Vorbereitung, ohne Zögern aus dem Handteller gemampft. Es bleibt allemal ein Rätsel, wie sie differenzieren und reagieren.

Präsident Schroeder spendete mit liebenswürdigem Anschreiben vom 10. 2. 1964 mehrere Zentner Mais. Er schrieb: „Gott sei Dank ist dieses Jahr der Winter ja sehr milde, so daß das Wild und die freilebende Tierwelt keine Not leiden." Der Forstamtsleiter bestärkte uns ausgangs jedes Winters erneut: „Weiterfüttern, weiterfüttern; März, April, Mai sind die schlimmsten Monate!" Der Revierleiter, Oberförster Schulz: „Was hat eine Wintersau im heutigen Wirtschaftswalde im Magen? Eine Handvoll Spannerpuppen, ein paar Bucheckern, Eicheln und zerschrotene Adlerfarnwurzeln, der Rest – Fichtennadeln!" Und Oberförster Meier sagte: „Du hast uns mit deinen Ablenkungsfütterungen eine Menge Wildschaden vom Leibe gehalten; es ist uns auch kein Stück Fallwild bekannt geworden."

Eines Tages sinnierte der Revierleiter: „Wir überlegen immer, was wir RF mal anbieten können – einen Bock? Rehböcke hat er genug... Mal'n Hirsch, einen älteren, zurückgesetzten?"

Darauf ich, damals ferner vom jagdlichen Schießen denn je, weil auch der beste Schuß die Zerstörung eines göttlichen Bauplanes ist: „Wenn er nicht 'ne lahme Keule, einen steifen Vorderlauf und zählbare Rippen hat und sich hinstellt, als wollte er sagen: „Macht Schluß mit mir, ich habe keine Freude mehr am Leben!" – sonst: „Herzlichen Dank!""

Oberförster Schulz: „Ja – mit sowas können wir leider oder Gott sei Dank nicht aufwarten."

Damit war das hochherzige Angebot ad acta gelegt.

Vorn die Große, hinten die Kleine Bärin

Mitternächtliches Stelldichein

Kurz vor der Frischzeit 1964 schloß die Kleine Bärin engste Freundschaft mit mir. Allabendlich, meist erst gegen Mitternacht, gaben wir uns in der Runse des Buchenwaldes ein heimliches Stelldichein. Das erstemal, am 28. März, als ich in tiefer Dunkelheit bei Nieselregen den Weg zwischen Fichtenschonung und Eichenbaumholz daherkam, wäre ich an der regungslosen, stummen Gestalt, die mich auch ruhig vorbeigehen ließ, beinahe vorübergegangen. Die innere Stimme oder der sechste Sinn sagte mir aber: da war doch sonst kein abgebrochener Baum? Etwa so ein armes Büßerlein und bescheidenes Bittstellerlein wie einst neben dem Pirschsteig zur Friedenskanzel? Ich drehte mich um und sprach es an – es war die Kleine Bärin. Wir gingen nur wenige Schritte in die Runse hinein. Ich blies das Luftkissen auf und setzte mich am Hang auf einen Stubben. Die Kleine stellte sich ein wenig höher hinter mir ein, legte den Kopf auf meine rechte Schulter und schmauste stillzufrieden Eicheln und Mais aus meiner linken Hand, während ich den rechten Arm um ihren Hals gelegt hatte und ihr mit der rechten Hand den Nacken kraulte. Als sie einmal um mich herumging und von unten herantrat, nahm ich ihr Gesicht in beide Hände und wir gaben uns – Nasenküßchen! Dabei berührten sich unsere Nasen beiderseits furchtlos. Wenn ein Nachtzug in der Schienenschlucht vorüberglitt, warf sie auf und hielt im Schroten inne, und ich benutzte die Gelegenheit, sie in leisem, höchst sorgenvollem Ton vor Eisgeläuts Schicksal zu warnen.

Die Bevorzugung in aller Heimlichkeit mag der großen Kleinen so gefallen haben, daß sie mich von da ab regelmäßig dort erwartete, was allerdings nur so lange ungestört blieb, wie die anderen Bachen mit Wochenbettbau und Frischen beschäftigt waren.

„Aha, mit der Herzallerliebsten wieder geschmust!" empfing mich dann Karin, wenn ich mit

sorgsam gehüteter, erdbeschmierter Küßchennase nach Hause kam.

Nachwuchs

In der zehnten Abendstunde des 7. April saß ich auf dem truhenförmigen Altarstein und fütterte aus beiden Händen Schmausi und Pfiffiküßchen. Sie warfen immer wieder auf und lauschten in die Nacht. Was mochten sie meinen?

Endlich, auf dem Wechsel über den Steilhang, näherte sich ein vielstimmiges, dünnes, Pfeifen und zog durch die Quellschlucht heran. Und ohne Scheu, begünstigt dadurch, daß schon artgleicher Besuch bei mir war, gleichwohl vorsichtig prüfend und sich offensichtlich erst auf die Summe der Bürgen ihrer Sicherheit verlassend: meine Spur und Witterung, die Einladung mit meiner Stimme, den Mais- und Eichelduft, ja, das Funzeln mit der Taschenlampe, tauchte die Kleine Bärin auf, ge-

111

Die Große Bärin (vorn) ist nicht eifersüchtig auf ihre Tochter Kleine Bärin

folgt von zehn gut igelgroßen, schon recht mobilen Winzlingen, die natürlich nicht alle ihre Kinder waren. Ohne Zögern und in altgeübter Zartheit nahm sie die dargebotenen Eicheln aus der Hand. Ich vermochte mich vor Freude kaum zu halten, lobte sie, streichelte sie, und sie schien es wohl zu verstehen. Hamsterbäckchen schnüffelte zutraulich an meiner Linken und stupste mich fordernd an. Die Kleinen schmiegten sich im Schutz einer Klafter eng aneinander, quorrten wie balzende Schnepfen, piepsten wie ein Nest voll Vogelbrut, und es ging zu wie in einem Bienenschwarm in Zeitlupentempo: zuunterst, zuoberst, ein jedes einmal in der warmen Mitte, ein jedes einmal auf dem kalten Erdboden außen – es war ein fortwährendes Gewusel. Ein Kleiner stand auf den Geschwistern, ein anderer saß, die meisten waren müde und wollten schlafen. Durstige Quälgeisterchen versuchten, an den stehenden Müttern zu saugen, und erhoben sich dazu wie Männchen machende Häschen. Schließlich legten sich die Bachen zu meinen Füßen ins trockene Laub, willfahrten den Kindern und säugten sie. Dabei stellte sich schnell heraus, daß zu jeder fünf Frischlinge gehörten.

Jutta brachte am 9. April sechs Kleine. Von Abend zu Abend ließ sie sich lieber streicheln, immer herzhafter klopfen, so richtig zwischen beide Hände nehmen, daß es beinahe sanft dröhnte; sie nahm an meiner Kleidung, meinen Händen eingehend Witterung, lernte an drei Äpfeln, von der flachen Hand zu nehmen, entriß mir den Beutel mit Mais, zerrte mich am Lodenmantel, riß mir dabei einen Knopf ab und zog sich auf mein vorwurfsvoll gedehntes „Naaa" feinfühlig, wie ein wenig bedrückt, zurück – zentimeterweise. Bei Tagesschein sah sie bei jedem Bissen zu mir auf. Was mag sie sich gedacht haben?

Schlimme Verwechslung

Am Donnerstag nach Pfingsten waren wir zur Maibowle eingeladen. Ich hatte gebeten, erst nach der abendlichen Versorgung meiner Lieblinge kommen zu dürfen. Um 22 Uhr wollten die Gastgeber mich am Walde mit dem Wagen abholen.

Es war eine zauberhaft schöne Maiennacht: klarer Vollmondschein und der Buchenwald in seinem jungen Laubschmuck wie voll grüner, im Mondsilber schimmernder Schmetterlinge. Bis zur verabredeten Stunde hatte ich noch fünf Minuten Zeit, mochte sie aber nicht verschenken. Zwei Häupter waren zu mir erhoben, rechts die Große, links die Kleine Bärin – meinte ich! Beiden bot ich im Stehen auf den Handtellern die letzte Handvoll Mais an. Die jüngere, kaum geringere, nahm mir lustlos-gnädig ein paar Körner ab, die rechte, ältere, wohl gesättigt, zögerte.

Und immer hat der Mensch die Schuld!

Unversehens, in plötzlichem Vorstoß, faßte sie zu – meine Finger zwischen ihren Schneidezähnen! Ich schrie auf, das gute Tier ließ sofort los, und die ganze Gesellschaft stob vor Schreck auseinander.

Vorn die Kleine, dahinter die Große Bärin, rechts Hamsterbäckchen

– es war ein fortwährendes Gewusel ...

Am Auto gab ich vor, in einen Scherben gegriffen zu haben, der tatsächlich dort lag und mich schon immer geärgert hatte. Karin schwieg, sie wußte es besser, zumal es seit dem 23. 9. 1961 und Mauseöhrchen nicht das erstemal war, daß ich mit einem Schmiß nach Hause kam. – Es dauerte ein halbes Jahr, bis auch die Blutblase unter dem Fingernagel herausgewachsen war.

Nach diesem selbstverschuldeten Unfall, der leicht hätte übel ausgehen können, versuchte ich die Entwicklung der so erfreulichen Annäherung etwas zurückzuschrauben. Jutta war damit nicht einverstanden, stellte sich vor mir quer, wich auch nicht, wenn ich mit dem Gehstock im Erdboden stocherte, um die Belagerung aufzukündigen, und grollte, erhob ich mich einfach mit dem ihr seit vier Jahren bekannten Abgesang „Auf Wiedersehen – Auf Wiedersehen". Nach einem Beobachtungsansitz auf Feisthirsche fütterte ich sie an der Eichendickung, an der unsere fruchtbare Freundschaft ihren Anfang genommen hatte, in diesem Jahre zum letztenmal. Sie meldete sich, es war Begrüßung! Auf mein tröstliches „Ruhe – Ruhe – Ruhe" hin ließ sie es sich und den Ihren schmecken.

Feinfühliger Huckauf

Immer wieder erstaunte mich die Feinfühligkeit der Großen Bärin. Als sie mich einmal zu sehr bedrängte und ich ihr mit dem Zeigefinger – ich habe es an mir selbst ausprobiert – einen kleinen, für die gerühmte „Härte des ritterlichen Schwarzwildes" kaum spürbaren Klaps über den Nasenrücken gab, zog sie sich gekränkt zurück und näherte sich mir erst auf viele liebevolle Entschuldigungen wieder.

In ihrem vierten Lebensjahre hatte man schon allerhand Last auf den Knien, wenn sie die Vorderläufe darauf stemmte – und die Kleine tat es ihr nach! Das gleiche wie von vorn versuchte sie aber auch in meinem Rücken, während ich meine Mitbringsel auf einer Klafter sortierte. Eine höchst

Ich hatte Jutta mit der Großen Bärin und die Große Bärin mit der Kleinen verwechselt. In den letzten fünf Minuten! Das Größenverhältnis zwischen beiden Müttern und Töchtern war das gleiche. Einen Apfel von der flachen Hand zu nehmen, hatte die gute Alte gelernt, nicht aber, wie sie Eicheln und Mais aus dem Handteller schnurpsen sollte. Ein zollanger Riß am rechten Mittelfinger blutete heftig. Daß unsere borstigen Freunde nicht tollwutkrank waren, bewiesen sie jeden Abend schon dadurch, daß sie unter all den Bäumen jedesmal den „Ihren" fanden, wo speziell für sie der Tisch gedeckt war. Gegen Tetanus war ich geimpft. Ich ließ die Wunde ausbluten und schleuderte auf dem nun unverzüglich angetretenen Heimweg die Tropfen auf das Randgebüsch von Springkraut, Schneeball, Pfaffenhütchen, Eichen- und Buchenjungwuchs. Wenn am nächsten Morgen der Oberförster daran vorbeigegangen wäre, hätte er sich voller Argwohn wundern müssen, wie und von welchem in der Schonzeit gewilderten Stück Hochwild die Schweißspritzer herrühren mochten, genau in Blatthöhe eines Hirsches.

Vier Generationen auf einem Bild, vorn die Kleine, dahinter die Große Bärin

wunderliche Überraschung, als sie mir so das erste Mal über die Schulter sah!

Ich mußte ganz fest stehen, durfte mir mit keiner Fiber etwas anmerken lassen und vor allem nicht vornüber fallen, als der zweieinhalb Zentner schwere Huckauf hinter mir sich zu voller Größe erhob, mir seine Bocksfüße zwischen die Schulterblätter stemmte und über meiner rechten Achsel, so dicht, daß seine Backenborsten meine Wange kitzelten, ein naßblanker, neugierig lüsterner Wurf an einem mächtigen Haupt zum Vorschein kam, schnüffelnd, was für gute Gaben ich diesmal auf der „Anrichte" ausbreitete: Eicheln, Kartoffeln, Mais und als Nachtisch Äpfel, Birnen, entsteinte Pflaumen, Bananen, ja sogar überreife Weinbeeren, eimerchenweise! – Das hat sie noch viermal so gemacht. Ich habe mich maßlos darüber gefreut.

Bei keiner konnte ich so gut wie bei der Großen Bärin aus den mitgebrachten Gerüchen von Ameisensäure und Lärchengrün, Fichtenharz und Eichenholz, Himbeerduft und Steinpilzgeruch und aus den Funden, die man aus ihrem Pelz nesteln konnte, wenn es beim Streicheln plötzlich piekte, Schlüsse ziehen, wo sie tagsüber gewesen waren: ob im Ameisenhaufen, in den Dornröschenburgen des Himbeerhanges, in den Brunfteinständen der Rotwildrudel oder in den Fichtendickungen beim Oberförster Meier. Die Große erwies sich, wie ihre Mutter Jutta, als verantwortungsvollste Wächterin und Führerin des neuen Familienverbandes. Oft stand sie zwanzig, dreißig Meter abseits Posten. Als am heißen Abend des 5. Juli alle anderen zur Quelle und Suhle gezogen waren und sie allein noch bei mir schmauste, fiel ihr das plötzlich auf: sie zog zehn Meter in Richtung Quellschlucht, lockte viermal mit rollendem Ton und kehrte, als von der Quelle der gleiche Laut „Antwort" kam, zu mir zurück!

Früh übt sich...

Am 20. Juli 1964 wollte ich ihnen auf dem Heimweg vom Ansitz in 68 noch guten Abend sagen. Ich traf sie auch noch im Gebräch an, lehnte mich gegen eine Klafter, bot der Großen Bärin und ihrer Tochter Kleine Bärin abwechselnd ein paar Kartoffeln an und schob ihnen die kostbaren letzten Eicheln zweistückweise ins Gebrech. Die Mehrzahl von insgesamt 16 Frischlingen ruhte in Geschwistergruppen im Fallaub. Da kam hinter den Müttern so ein stark hasengroßer Streifling – Geburtstag um den 4. April – erhobenen Köpfchens mit einem Dürrlaubzweig im Gebrech, der größer war als sein Träger, apportierend vorüber, legte ihn schräg an einem vermoderten Stubben ab, schob sich darunter ein und protestierte, schon ein richtiges streitbares Keilerchen, mit dem typischen tremolierenden Greinen energisch gegen geschwisterliche Eindringlinge, die mit darunterkrie-

... das gleiche versuchte sie auch an meinem Rücken ...

chen wollten, wie ein spielender Junge, der verkündet: „Das ist meine Burg, die habe ich mir gebaut, hier darf niemand rein!"

Unstimmigkeiten zwischen der dreieinhalbjährigen Großen Bärin und der ein Jahr jüngeren Bache Hamsterbäckchen, durch welche die Kleine sich aber nicht stören ließ, weckten die Kinderschar und brachten Unruhe in das Familienidyll. Dabei stürzte die Laubhütte ein. Der kleine „Schwarzwildjunge" schien danach keine Lust mehr zu haben, sie wieder aufzubauen. Zudem rückte allmählich der Mondschein an die Stelle, weshalb sich ohnehin alle tiefer in den Schatten zurückzogen. –

Zwölfender an der Hochsitzleiter

Sechs Tage danach setzte ich mich auf der Kanzel in 68 an. Als erster trat ein älterer Achter aus. Ein gerader Kronenzehner, völlig blank, stieß aus der gegenüberliegenden Dickung dazu, und zügig, als dritter, zog auf dem Wechsel des Achters ein starkstangiger Kronenzehner breit-wuchtig vorüber. Was aber wieder „hinten herum" ging, war nicht der Alte, sondern ein ungerader, noch silberpelzig unverfegter Eissprossenzehner – und sein Umweg wohl nur der Respektsbogen um die Ranghöheren.

Es mochte aber noch einer drin sein, es knackte immer noch. Da, endlich, versuchte an der dichtesten Stelle, wo Faulbaum und Traubenholunder, Hartriegel und Schwarzdorn, Brombeergestrüpp und Waldgaißblatt sich um den Platz an der Sonne stritten, ein fünfter Hirsch sich durchzuarbeiten! Es war kein Sichern, was ihn mit gefälltem Geweih so lange aufhielt: mit seiner Mordsauslage und den weit ausgreifenden Enden konnte er einfach nicht durch. Ich dachte, er werde über den Grasweg zu den vier anderen treten: er blieb aber hüben in Deckung, ein braunroter Schimmer im grünen Geblätt. Hielt er die Richtung, so würde er bald meine Leiter streifen! Immer deutlicher hörte ich ihn rupfen, eifrig äste er sich heran. Ich hatte das 10 x 50 auf nächste Nähe eingestellt, mal die langen Aug- und Eissprossen, mal die guten Kronen im Rund: gerader Zwölfender! Fünf Schritte vor der Kanzel lag viel Dürrgeäst. Man hätte meinen sollen, er müßte wunder wie laut darin brechen – nicht ein Fesselknacken war vernehmbar! Nun füllte er die ganze Lücke aus. Sein Rücken trug die Doppelreihe „Haferflecken" des Marals, wie ein Riesenhirsch der Vorzeit. Mit den unwahrscheinlichsten, wiegenden Drehungen des hoch geweihten Hauptes und des Halses wand er sich geschickt durch den engen Naturverjüngungshorst. Erstaunlich, wie er den Zweigen auswich, wie gut er seine Auslage kannte! Und wäre nicht ein letztes Ausatmen des Abends gewesen, eine Prise verdächtiger Witterung, die sich niederschlug – er hätte gar nichts von mir gemerkt! So aber verhoffte er, fing die Luft ab, äugte zurück. Ich saß tiefgebückt und blickte aus halbgeschlossenen Lidern durch den Spalt der Kanzelverblendung, wo der dritte Querknüppel fehlte, auf ihn herab. Ich hätte ihm „auf den Rücken springen" können! Unverkennbar, wie in sein Gesicht der Ausdruck des Argwohns trat. Dann, jeder Zoll ein König, ganz Umsicht, ja Feierlichkeit, von den Vorderlaufschalen bis in die Kronen aufs äußerste gespannt, schritt er durch eine der nachtgrün gähnenden „Pforten" in den Schutz der Dickung.

Ob er sich gewundert hat, daß es von oben mehr nach Sauen roch als nach Mensch?...

Finderglück

1964 war ein gutes Pilzjahr, in dem wir manche Mahlzeit Ziegenlippen, Maronen und Steinpilze ernteten. Zwischen der Eichendickung und dem Widdergrund wuchsen Steinpilze und die ihnen so ähnlichen Hexenpilze, die bei Verletzung in allen Regenbogenfarben von Schwefelgelb bis tief Schwarzviolett anlaufen.

Eines schönen Nachmittags, wir waren nicht mehr weit von der Südspitze der Eichendickung entfernt, blieb Karin mir gegenüber vor einer kleinen grasbewachsenen Senke, in die ich keinen Einblick hatte, wie angewurzelt stehen, blickte zu Boden, brachte kein Wort heraus, bückte sich dann schnell – und was hob sie, sprachlos vor Glück, empor? Die derbe, gut vereckte Abwurfstange eines Kronenzehners! Auf den ersten Blick erkannte ich: eines der Hirsche aus dem Trupp der Fünf, deren Anblick ich Ende der Kolben- und Anfang der Feistzeit in so mancher Abendstunde aus nächster Nähe genossen hatte!

Das Besondere an Karins Finderglück aber war, daß ich auf meinem „Wechsel" übers Rasenbrücklein zum Ansitz in 68 und 69 viele Male an diesem Prachtstück nahe vorübergegangen sein muß, ebenso die Waldarbeiter, die unlängst in dieser Abteilung noch Buchen gefällt hatten. Bei einem Tritt tiefer hatte der Kronenzehner im Hornung oder Anfang März die locker sitzende Stange verloren. Wir haben dann noch manchmal nach der Paßstange gesucht, sogar auf Wechseln in dem Gestrüpp des Himbeerhanges, aus dem der Hirsch wohl gekommen war – leider vergeblich und bei der hohen Bodenbewachsung dort ohnehin so gut wie aussichtslos.

Präsident Knigge schätzte den Hirsch auf fünf Jahre und älter, und der liebenswürdige, ritterliche Forstamtsleiter schenkte Karin ihren Fund. Zu den prächtigen Saubärten, bleibenden Erinnerungsgeschenken unserer lieben Sollingsauen, war nun noch das Geschenk eines der edlen Sollinghirsche gekommen. – „Wer's Glück hat, führt die Braut heim".

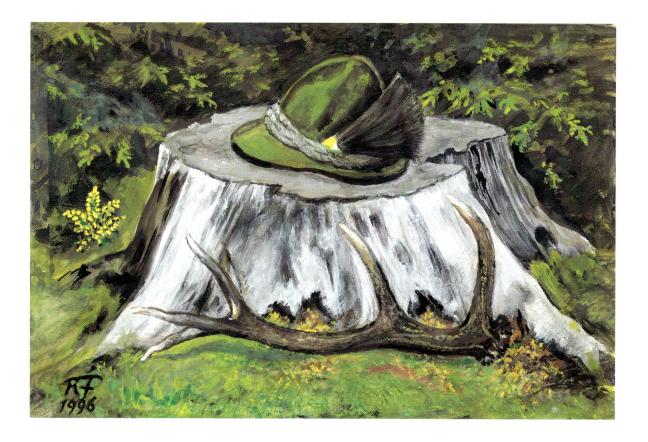

Drei Kilometer Begleitung

Im Schummern des 9. August stieß die Kleine Bärin bei dem Hochsitz in 68, wo ich mit Genehmigung des Oberförsters Meier wieder zur Beobachtung der Feisthirsche ansaß, auf meine Spur, umkreise die Kanzel, suchte mit dem Winde auf meiner Hinspur, kehrte aber sogleich zurück, als ich sie leise anrief, hielt in alter Vertrautheit mein Herabsteigen aus und begleitete mich mit den zehn von ihr geführten Frischlingen gut drei Kilometer durch den abendlichen Wald auf zwar getrennten, immer aber sichtbenachbarten Wegen und Wechseln zu dem ungefährdeten Futterplatz am Dreifels.

Woher die Überzahl? Sie selbst hatte doch nur fünf. Sie führte also, fast auf den Tag genau, nach vier Monaten noch auch die Kinder von Hamsterbäckchen wie am Spätabend des 7. April, aber diesmal allein! Ich war tief beeindruckt von der so lange währenden, lieben „Tantentreue".

Nachrichtendurchgabe

Zuweilen begegneten wir einander schon in der „Spitze", wenn ich wieder einmal zur Friedenskanzel gehen wollte und sie „unaufhaltsam" zu der Dreifelsfütterung strebten. Trollten so ihrer sechzehn bis zwanzig Stück in langer Rottenreihe an, wurde eine Wahrnehmung der Leitbache von vorn bis hinten durchgegeben als kurze, verhaltene, aber exakte Information von Tier zu Tier, wie in einer geschulten Truppe. Nirgends habe ich das so gut beobachten können wie auf dem Wechsel zwischen Wintertal und Dreifels, ich auf dem Hangweg ihnen entgegen, sie auf dem Wechsel fünfzehn Schritt unterhalb, unbeirrt in Richtung Dreifelsfütterung. Die Durchgabe der Bache hieß wahrscheinlich: „Da kommt er ja schon! Aber wir rennen trotzdem weiter! Daß mir keines ausschert!"

„Komm 'rum, Bär!"

Der viel zu gutmütigen Großen Bärin erwuchs in ihrer Schwester Säuglingsbache eine rücksichtslose Konkurrentin, von der sie öfter abgedrängt wurde und ich bei meinem Kommen in den Farnkrautgraben gestoßen worden wäre, wenn ich sie nicht angerufen und den Stock geschwungen hätte. Da lernte die Große auch Zeichensprache. Beschrieb ich mit dem Zeigefinger einen Halbkreis und sagte: „Komm rum, Bär!", so kam sie in die gemeinte Lücke. Als die Säuglingsbache mit ihren futterneidischen Angriffen immer lästiger wurde, gab ich der Großen eines Abends die „Auflassung", die Rangordnung ein für allemal zu klären, und sagte leise in vorwurfsvollem, anfeuerndem Ton: „Läßt du dir das gefallen, Bär?" Von Stund an war ihr Verhältnis zur Schwester in meinem Sinne geklärt! Vielleicht hatte sie nur wissen wollen, wie ich zu ihrer Selbstverteidigung stünde.

Entlausungshilfe?

Am 4. 9. saß ich am Stirnwandende eines aus dem Hohlweghang gewachsenen Steines und fütterte meine Lieblinge Große und Kleine Bärin aus beiden Händen. Am flachen Übergang des Steines zum Hang ruhten zwei Frischlinge der Großen Rücken an Rücken und streckten alle Viere von sich. Der dritte, dessen Dünnung dem ersten als Kopf-

Am Wurzelteller, die drei handzahmen Kinder der Jutta; September 1963

Das Original der Zeichnung befindet sich im Besitz von Herrn General Wilhelm Renner

kissen diente, aalte sich quer vor ihnen. Da trat der vierte zu den Geschwistern und durchforschte ihnen der Reihe nach mit dem Wurf Rücken und Flanken, angefangen bei dem Frischling am weitesten rechts über den anderen, der sich der Behandlung besonders genüßlich mit geschlossenen Lichtern hinzugeben schien, bis zu dem linken, der dabei das halbe Körpergewicht seines Kammerjägers auszuhalten hatte; denn dieser stieg mit beiden Vorderläufen so auf ihn, daß sich seine Schalenpaare spreizten.

Inwieweit dieses intensive Durchwühlen der geschwisterlichen Schwarten Zeitvertreib oder zweckmäßiger Liebesdienst und Ersatz der Suhle war oder alles zusammen, Entlausungshilfe, und der Kammerjäger möglicherweise auch etwas davon hatte, Milben, Hautschuppen, Blattläuse, Außenparasiten, war nicht zu erkennen. Ich hatte den Eindruck, daß es eine willkommene und bekannte Hilfeleistung darstellte. Reiben, an Stubben, Stein, Malbaum usw. hätte sich auch jeder selbst können. Doch scheint ihnen das nicht dieselbe Entspannung zu bringen wie das Gekrautwerden mit dem Wurf. Vielleicht lösen sie dabei einander ab.

Betrug verstimmt

Mitte September 1964 besuchte uns meine Schwägerin aus Berlin und hätte gern noch das Erlebnis mit den handzahmen Wildschweinen mitgenommen. Es war genau die Zeit, da wir in guten Mastjahren jeden Tag damit rechnen mußten, unsere lieben Kostgänger als Selbstversorger aus der Hand zu verlieren. Aber wir hatten Glück. Zur gewohnten Stunde kollerten Steine, krachte ein morscher Ast, das Fallaub rauschte auf, die Wilde Jagd war heran, holte sich aber immer im Bogen erst Wind. Hildegard war in Kleidungsstücke von Karin gesteckt und hatte sich nur mit unserer Seife gewaschen.

Nachdem die Kleine Bärin sich daran gewöhnt hatte, daß auf der Klafter jemand neben mir saß, schmauste sie aus dem Rucksack auf meinem Schoß, trat immer wieder einmal ein paar Schritte zurück und sicherte in den abendlich dunkelnden Wald, in dem die Große den Wachdienst versah und unter warnendem Grollen Runde um Runde um die vielköpfige Rotte zog. Auch meiner Schwägerin wollte ich – wie Ende Februar dem Schüler Ferdinand Becker – die Freude machen, unseren lammfrommen Gast zu streicheln, und leider bediente ich mich dazu einer List. Zunächst legte ich den Rucksack zwischen meine Füße. Zurückgekehrt, klopfte die Kleine fordernd mit dem Kinn auf meine Knie, merkte, daß sie unten suchen sollte und schickte sich in die Veränderung. In einem unbewachten Augenblick schmuggelte ich den Rucksack vor die Füße meiner Schwägerin. Die Kleine, zurückgekehrt, suchte bei mir, witterte den Mais nebenan, nahm auch etwas, wich plötzlich einen Schritt zurück, hielt im Mahlen inne, drehte sich, den soeben noch vergnügt wedelnden Pürzel einziehend, langsam und wie tief beleidigt um – und kam uns an diesem Abend nicht mehr nahe! Es hatte eben nicht genügt, nur die äußere Schale stimmend zu machen, ich hatte seit dem 21. Februar nichts dazugelernt.

Diese Feinfühligkeit hatte die Kleine Bärin von ihrer Mutter, der Großen, geerbt. Betroffen schrak sie zurück, als sie einmal, am 10. März 1964, meinen Hocker umstieß, und lange zögernd trat sie erst wieder heran, nachdem ich ihr mit vielen Worten versichert hatte, das sei doch nicht so schlimm gewesen, und ihr gezeigt hatte: „Sieh mal, er steht doch schon wieder!" Und wie bedrückt, „schuldbewußt" – aber sehr zu Unrecht – zog sie sich sogleich zurück, als sie mich infolge meines eigenen Ungeschicks ein einziges Mal in den Finger gekniffen hatte!

Lange Pause

Die Vollmast ab Mitte September, Verstörung durch die Treibjagden, wenig Schnee, Winterfütterung in den übrigen Forstamtsrevieren, durch die unsere Freunde ihre Rundreisen machten, der alljährliche Einbruch der Hunnen und die schwierige Unterscheidung auf Entfernung, letztlich die Rauschzeit – bewirkten, daß den ganzen Winter über von Tuch- und Borstenfühlung keine Rede mehr sein konnte. Voll Sorge fragten wir uns, wer die Jagdzeit überstanden haben und wiederkommen würde.

1965

Endlich, am 13. März 1965 abends, nach einem halben Jahr Trennung, kam die Kleine Bärin wie nach stufenweisem Besinnen aus der Quellschlucht näher – und nahm ohne Scheu und zartfühlend wie immer die Maiskörner aus meiner Hand!

Am regnerischen Abend des 8. Mai konnte ich unserem Neffen Uwe Burmeister drei völlig vertraute Überläufer vorführen. Das warme Naß verdampfte auf ihren Körpern und hüllte sie in eine Nebelwolke, auf diese zwei Schritt ein nie zuvor gesehenes Bild! Am nächsten Abend war die Große Bärin mit der Kleinen, zwei Überläufern und sechs Frischlingen zu Gast. Von Mitte bis Ende Juni kamen vier starke Bachen mit zehn Frischlingen den Buchensteilhang herunter und säugten in meiner unmittelbaren Nähe. Im August stellten sich wieder die Große und die Kleine Bärin mit ihren sechs Frischlingen an der Dreifelsfütterung ein.

Einen Höhepunkt bildete der 29. September durch den Besuch der Stammbache Jutta mit vier Frischlingen und einer Überläuferbache mit zwei Frischlingen. Augenzeugen waren meine eifrigen Sammler und tierliebenden Nachbarssöhne Christian und Reinhard Schäfer. Bis nach Weihnachten waren unsere Kostgänger wie fast alljährlich wieder Selbstversorger.

Ein Felsblock poltert bergauf

Am 17. Dezember gegen neun Uhr abends sagte ich mir ohne große Hoffnung: könntest ja mal versuchen, die seit Monaten Abtrünnigen am Dreifels zu treffen. Das bißchen Sprühregen hinderte mich nicht. Was nun geschah, begab sich 150 Meter von unserer Wohnung in unmittelbarer Nähe der Villa des Verlegers Herrn Bernhard Schäfer. Ich hatte den Bahnkörper überschritten, war aus dem Graben gestiegen, auf glitschigem Trampelpfad, vor mich hin leuchtend, durch dorniges Gestrüpp gestreift und ging an der Kante des Feuer-

salamanderbeckens entlang. Da polterte dicht vor mir ein Felsblock bergauf! Ja, wo gab's denn sowas? Ich leuchtete mit der Stablampe hin: Ein kapitaler Kronenzwölfer hatte mich bis vier Gänge ausgehalten, zweifellos infolge meiner Schwarzwildwitterung. Was mag er sich gedacht haben? Ein Wildschwein, das mit Licht kommt? Denn ich war ja hör- und sichtbar gekommen! Der Hirsch war es gewesen, der mit einer gewaltigen Kehrtflucht den schweren Rumpler bergauf verursacht hatte! Wäre er aus seinem Stand bergab im Schreck nach vorn gesprungen, so hätte er mich umgerissen oder auf die Augsprossen genommen!

Langsam wandelte er mit seinem „Christbaum von Enden" am Friedenstalhang dahin... Am anderen Morgen fand ich seine Losung und die starke Fährte bei den Bänken. Zu Herrn Heidhaus soll der Hirsch wiederholt in den Garten gekommen sein. Christian, Reinhard und Bertram Schäfer sahen den Zwölfender am Dreikönigstag 1966 bei hellem Tage auf einem ihrer Streifzüge zur Sohnreyhöhe! Für mich war die nächtliche Polterbegegnung das unverhoffteste, schönste Vorweihnachtsgeschenk.

1966
Die Unterscheidung wird schwieriger

1966 lockerte sich die Freundschaftsverbindung weiter. Ab Januar hatte ich immer zwei Bachen mit sechs Frischlingen an der Dreifelsfütterung. Die stärkere hielt ich zunächst für Stammmutter Jutta, die nur wenig schwächere für ihre Tochter, die Große Bärin, was auch ihrem zurückhaltenden Wesen entsprach. Das Größenverhältnis zwischen Mutter und Tochter war aber in beiden Generationen das Gleiche. Dadurch hatte sich ja in der Maiennacht 1964 die Verwechslung ergeben, die leicht hätte schlimmer ausfallen können. Nach wenigem Zweifeln lag nichts näher, als daß der Kleinverband im neuen Jahre die unversehrte, treue Familie vom Frühsommer und August des Vorjahres war, also die Große und die Kleine Bärin mit ihren Kindern, zumal die Anzahl der Frischlinge – immer sechs – stimmte. Da sie nicht von selbst an mich herankamen, war ich es auch ohne Tuch- und Borstenfühlung zufrieden: sie waren halt älter und „eigenständiger" geworden.

Am 3. Januar empfing mich an der Quellflut ein munterer Spätfrischling, verstellte mir den Weg, begleitete mich zum Dreifels und ließ sich schon unterwegs liebkosen. Den ganzen Februar hielten mir die jüngere Bache, mein neuer Benjamin und sein Brüderchen die Treue. Am 10. und 11. Februar bei Harschschnee und abscheulichem Eisregen versorgte ich sie besonders reichlich. Am 13. pufte mich der liebe Kleine ein dutzend Male von hinten fordernd an den Stiefelschaft. Unverkennbar an ihrem Senknacken und dem stieren Blick war am 19. 1. die Säuglingsbache mit vier Frischlingen da. Der immer enge Anschluß an ihre erfahrene Mutter hatte ihr wohl so lange das Leben gerettet. Die starke Bache am 20. April dürfte dem ganzen Verhalten nach Hamsterbäckchen gewesen sein. Sie besuchte uns mit zwei Frischlingen auch im Mai und bis Ende August, gleichwohl nicht regelmäßig. Die Unregelmäßigkeit lag aber teilweise auch an mir. Seit Januar litt ich unter immer ärgeren Blinddarmbeschwerden, die später zur Operation zwangen; ich konnte nicht mehr täglich füttern gehen. Karin vertrat mich nach Kräften. Letzte Besucher, die unsere Getreuen erlebten, waren am 23. März Herr Horst W. Hübel, am 24. Mai Herr Dr. Jörg Heyer (damals noch Schüler) und am 19. August 1966 Herr Dr. Hans Dombrowsky mit seinen Söhnen Hans-Ulrich und Hans-Michael.

Stiller Ausklang

Bei dem Mitte September einsetzenden Eichel- und Bucheckernsegen war es nur natürlich, daß unsere Gäste sich überall schadlos hielten und an der Fütterung ausblieben. Wohin abends die Reise zu gehen hatte, hing ja von den Müttern ab und nicht von der drängelnden Kinderschar. Hatten sie mich drei Abende vor Weihnachten 1963 an der Meilerstelle noch mit so lautem Quengelkonzert empfangen, daß es gegen alle Geheimhaltung verstieß, so blieb jetzt alles totenstill, weit und breit. Wenn wirklich im neuen Jahre einmal eine Rotte durchwechselte und ich sie anrief, ergriffen sie erst recht die Flucht. Entweder waren es fremde Durchzügler, oder die Unseren hatten in diesem Jagdwinter so schlechte Erfahrungen gemacht, daß sie mich mit allem, was Mensch war, über einen Kamm schoren und mit mir nichts zu tun haben wollten.

Der Hungerherbst nach dem Dürresommer 1959 hatte sie mir gegeben, die überreiche Vollmast 1966 die nie der freien Wildbahn Entzogenen mir auf natürliche Weise wieder genommen, nach sieben Jahren beglückender, aber auch sorgenvoller Zeiten voll tieffrührender Erlebnisse und aufschlußreicher Nahbeobachtungen. Nur kurz war in der Zwischenzeit einmal der freundliche Vorschlag des nun schon lange verewigten Bürgermeisters von Karlshafen, Herrn Karl-Heinz Hansen, aufgetaucht, unsere besonderen Schützlinge in den kleinen Städtischen Zoo aufzunehmen – wir, auch der Forstamtsleiter und der Revierverwalter, haben ihn mit großem Dank abgelehnt. Unsere so wandergewohnten, die Freiheit der Weite liebenden Freunde in einem engen Gehege einzusperren, widerstrebte uns allzusehr. Ich bin selbst drei Jahre in Gefangenschaft gewesen...

Rückblick

Rückblickend bin ich tief dankbar, daß die zeitweise bis auf 43 Kopf angewachsenen Familienverbände die ganzen Jahre von Krankheit verschont geblieben sind, vielleicht auch dank ihrer besonderen Gunst, mit jedem Futterplatzwechsel einverstanden gewesen zu sein. Die Schweinepest, die am anderen Ende des Sollings aufflackerte, ist nicht bis zu ihnen gedrungen, von Tollwut gänzlich zu schweigen. Erstaunlich ihre psychische Belastbarkeit! Aber so wie für die charakterfeste, treue Spürbache Luise des Ersten Polizei-Hauptkommissars Werner Franke trotz all dem pausenlosen Streß von Menschenmassengetümmel und -gewimmel, mehreren Musikkapellen oft gleichzeitig und immer neuen, fremden Örtlichkeiten von Großveranstaltung zu Großveranstaltung: Bonn, Braunschweig, Westerstede, Wuppertal, Jever, Minden, Hannover, Hamburg, Kiel, Neumünster, Bad Driburg, Peine, Berlin „die Welt in Ordnung war" und sie die schwierigsten Spüraufgaben souverän und unbeirrbar löste, wenn nur ihr Herr und Meister, Freund und Leiter sie begleitete, so haben unsere Lieblinge der freien Wildbahn an rund 1109 gebuchten Beobachtungsabenden innerhalb von sieben Jahren 240 fremde Besucher und 221-mal gute Bekannte – mich selbst nicht mitgerechnet – Karin und Edith, das Ehepaar Oberförster Schulz, den Meisterfotografen Wolfgang Fritz und den Naturfreund Herrn Schmandt freundlich und standhaft verkraftet. Wenn nur eins von uns mit war, kamen sie und ließen sie sich „vorstellen". Erst in der letzten Zeit machte mir die Große Bärin, die schon als Frischling immer vorsichtig zurückhaltend gewesen war, in Verhalten und Körpersprache gelegentlich den Vorwurf: „Wen hast du denn da wieder mitgebracht?", hielt sich im Hintergrund und versah lieber den Wachdienst für den großen Rottenverband.

Attila hat uns 1960 45 Male besucht, 1961 elfmal, 1962 vierunddreißigmal, 1963 einundsechzigmal, fast immer für eine halbe bis dreiviertel Stunde, oft länger, insgesamt einhunderteinundfünfzigmal. An dem australischen Gehstock des Oberförsters gemessen, war er 1963 83 Zentimeter widerristhoch. Zuletzt hat ihn Herr Schmandt, den er kannte, auf einem Sonntagfrühspaziergang in der Ferriesgrund auf kurze Entfernung vertraut vor sich her ziehen sehen.

Zur Ehre unserer Gäste sei dankbar hervorgehoben: sie haben sich stets mustergültig verhalten und weder uns (!) noch eines der Tiere „vergrämt" – waren wir doch selbst nur Gäste im Forstamtsbereich.

In den ehrenden, liebevollen Vergleich Dr. Lutz H. Dröschers für meine drei getreuen Helfer aus dem schneeverwehten Rodeloch mit den klugen, hilfreichen Delphinen sind auch unsere anderen lieben Tierpersönlichkeiten eingeschlossen, die ihre Anteilnahme und ihren Hilfewillen bewiesen haben: der ganze, fünfzehn Kopf starke Rottenverband, der am 18. 5. 1962 um den kleinen Frischling zusammenlief, als dieser an einer großen Eichel beinahe erstickt wäre; Mauseöhrchen mit ihrer teilnahmsvollen Vergewisserung über meine blutende Stirnwunde nach meinem Sturz über die vereiste Buchenwurzel am 26. 1. 1963, wobei es peinlichst vermied, mit seinem Wurf die Wunde zu berühren, und mir nur die Krimmerwollmütze, die heute 84 Jahre alt ist, ein wenig höher über die Augenbrauen schob; dabei überaus bemerkenswert: der augenblicks eintretende Schreckverzicht des sechzehnköpfigen Rottenauflaufs auf das sehnlichst erwartete, weitverstreute Abendbrot! – Maxels ritterliches Bernhardinergeleit für Karin am 4. 3. 1963 einhundertfünfzig Meter in die vereiste Quellschlucht hinab und ebensoweit den Gegenhang zum Dreifels wieder hinauf. Und schließlich Luises rührendes Bemühen, ihren scheintoten Freund vom Wegesrand wegzuziehen oder sogar auf die Beine zu stellen. Alle diese Handlungen der klugen, treuen Tiere haben das Gemeinsame der Anteilnahme, des Helfenwollens und der tatsächlichen Hilfe.

Ungeahnter Zufluchtsort?

Eines grauen Sonntags in der Zeit, als wir die Fütterung nicht mehr unterhielten, gingen wir mit den jungen Herren Dombrowsky über den Steinbrüchen der Ferriesgrund spazieren. Rechts von dem Weg, auf dem immer das üppigste Heidekraut wuchs, lag die mit großmaschigem Draht eingezäunte Kieferndickung, links der Abgrund. Als in der Biegung unser Blick einmal in die Tiefe fiel, blieb uns vor Bestürzung und Schreck beinahe das Herz stillestehen: War da – am hellen Nachmittag! – drunten ein ganzer Rottenverband versammelt, Frischlinge – keine gestreiften mehr –, Überläufer und ältere Stücke! Wieviele? Gezählt haben wir nicht, wir waren viel zu überrascht und aufgeregt. Und natürlich wollten wir uns nicht verraten und zu Mitwissern ihres Geheimnisses machen...

Da wir über Wind waren, hatten sie uns anscheinend noch nicht bemerkt. Sie standen herum, ruhig und friedlich, wie gesittete Theaterbesucher in Erwartung einer Aufführung auf der Freilichtbühne.

Was für eine Entdeckung und welch späte Lösung des Rätsels vielleicht, vor das sie uns immer gestellt hatten, wenn sie an einem Treibjagdabend zur gewohnten Stunde vollzählig und vertraut eingetroffen waren. In der Ferriesgrund hätten wir sie nie und nimmer vermutet, weil es da keine offenen Dickungen gab. Vielleicht war die von unten nicht einsehbare „Freilichtbühne" in all den Jahren an so manchem Treibjagdtage ihre von niemand geahnte Fluchtburg gewesen, in die sie sich rechtzeitig aus dem Staube gemacht hatten, sobald aus den Pleßhörnern das gefürchtete Jagdsignal ertönte, das sie ja kannten.

1967
Wiedererkannt nach elf Monaten

Den ergreifendsten Beweis für ihr glänzendes Gedächtnis und ihr unwandelbares Vertrauen sollte ich nach elf Monaten ihrer völligen Abwesenheit erleben: am 11. Juli 1967 nachts.

Ich hatte im Nachbarrevier erst nach Abzug der Hirsche von der Kanzel steigen können und den kürzesten, aber steinigsten Stolperweg durch das

Wintertal eingeschlagen. Zwischen Steilhang und Dreifels hörte ich rechter Hand von der Böschung des Hohlwegs einen leisen Anfragelaut. Im Hinleuchten erhoben sich drei Überläufer und eine starke Bache, die hinter dem mageren Randgestrüpp lichthungriger Himbeersträucher mich unbeweglich musterte.

Wer waren die lieben Wegelagerer, die mein lautes Kommen über Stock und Stein ausgehalten hatten und sich zu erinnern schienen: Hier sind wir immer gewesen, hier kommt er jetzt vorbei, hier legen wir uns auf Lauer! Ich sprach sie also an, mit all den lieben Worten, die sie mal gekannt hatten. Die Bache beschrieb einen Bogen – talwärts, um sich Wind zu holen, der abends talwärts steht, und ließ sich in den Farnkrautgraben gleiten. Abermals lockte ich zärtlich. Nun stand sie auf dem graswachsenen Weg und tat ein paar Schritte auf mich zu. Einen Augenblick huschte der Gedanke an Tollwut durch mein Hirn. Ich verwarf ihn aber sogleich – man hat das im Gefühl – „Bärchen, bist du's wirklich?", fragte ich, verhaltenen Jubels voll. Wieder ein paar Schritte Näherung! Nun trennte ihren Wurf nur noch eine Handbreit von meinem Mantel. Ratlos vor Glück und Verzweiflung stand ich da. Den einzigen Apfel hatte ich auf dem Hochsitz gegessen. Ich schnürte den Rucksack auf, ob sich nicht doch noch eine Eichel in einem Zipfel verkrochen hatte. Da steckte das gute Tier seinen Kopf hinein wie einst bei Regen und Schlackschnee! Wer so fest auf den alten Freund gebaut, ihm vertraut und still und bescheiden am Wege auf ihn gewartet hatte, konnte niemand anderes als die Kleine Bärin sein, die ihm Ende März 1964 vor ihrem Frischen Nacht für Nacht das heimliche Stelldichein und – die Nasenküßchen geschenkt hatte! Dreieindrittel Jahre waren seit jenen wundersamen Mitternachtstunden vergangen und die große „Kleine" nun fünf Jahre alt!

Was jetzt tun, um sie nicht zu enttäuschen? Ich hielt ihr den Lodenmantel vor die Nase, hing ihn in die Astgabel der krüppeligen Jungbuche am Wege und sagte mit aller liebend beschwörenden Eindringlichkeit wie einst, wenn ich aus dem Schuppen am letzten Hause noch Futter nachholen wollte: „Bleib hier, Bärchen, ich komme wieder, Bärchen! Hörst du, Bärchen, ich komme wieder, wieder, wieder!" und legte sie bei dem vertrauten Kleidungsstück ab, wie man seinen lieben, guten Jagdhund ablegt, um allein weiterzupirschen. Dann lief ich ohne mich noch einmal umzusehen aus dem Wald, durch den Fußgängertunnel über die Wiesen nach Hause und läutete atemlos Sturm. „Haben wir noch Mais oder Eicheln?" – „Beides!" die erlösende Antwort. „Schnell, schnell, sie sind wieder da!"

Das Fahrrad schiebend, keuchte ich durchs Friedenstal bergan. Am Felseneck setzte ich mich auf, flog aber sogleich in die Brombeerhecke. Von unten spritzten die Pfützen auf, von oben regnete es. Plötzlicher Schreckensgedanke: Wenn sie deiner Spur gefolgt sind, erwarten sie dich jetzt auf den Wiesen! Dazwischen der Bahndamm, die zweigleisige Strecke! Ein Zug könnte ihnen zum Verhängnis werden...

An der ersten Klafter in der Runse warf ich das Fahrrad ins Gekräut. Gerufen – geleuchtet – beides sparsam, und hinein in den schwarzen Wald. Fuchs-paß – Quellflut – Meilerstelle – Zwerghauptschweinstubben... War's hier? Nein, weiter rauf! Der Mantel hing noch da. Nun stand ich in der finstern Mitternacht zwischen Steilhang und Dreifels. Leise tröpfelte es aus den Wipfeln. Vom fernen Rathausturm schlug es dreiviertel zwölf. Warten – Rufen – „Bärchen, komm!" – Stille... Stumm zählte ich die Sekunden. Aber da, vom Quellgrund her, das Knacken eines morschen Astes. Dort zog Wild! Noch einmal, schon näher. Und dann, wahrhaftig, tauchte das große Haupt mit den schwarzgesäumten Tellern, der Igelstirn und dem schönen Bogen des Nasenrückens in den abgedunkelten Lampenschein! Wo nun füttern? Einerlei, gleich hier im Farnkrautgraben und keinen Schritt weiter. Bald stellten sich auch die drei „Überläufer" ein – Schmausi? Pfiffiküßchen, Schwesterchen? Ich saß im leisen Sprühregen auf einem flachen Stein in den matt aus der Dunkelheit schimmernden Farnwedeln, von den großen, strengwürzig riechenden Tierleibern wärmend umdrängt, lauschte selig ihrem behaglichen Schroten, klopfte sie herzhaft, liebkoste sie, glättete ihnen die strähnigen, naß anliegenden Widerristborsten, fütterte sie reihum mit beiden Händen, aus denen sie so behutsam und eselsfüllenlieb wie eh und je schmausten, zupfte der Großen, der noch nicht alle langen Borsten ausgefallen waren, ein paar Federn aus dem Kamm und konnte ihr die ganze Hand zwischen den Zähnen lassen. So blieben wir anderthalb Stunden beisammen. Dann machte sich eins nach dem andern stille davon. Dieses allerletzte große Glück mit ihnen währte vier Abende. Dann mochte der milchende Hafer, weit weg von dem gefährlichen Eisenbahntunnel, an dem immer wieder Wild überfahren wurde, stärkeren Anreiz bieten...

Aber der Kreis war noch nicht geschlossen...

Tapsi

Endlich, 1968, „kamen wir auf den Hund". Tapsi, das war Liebe auf den ersten Blick, Kauf des Waisenkindes aus mitleidigem Herzen und im nachhinein Gotteslohn: das große Los!

Stieg ich da am Sonntag, 14. Juli, dem 100. Geburtstag meines väterlichen Freundes Oberförster Brieger, nach der Frühpirsch im Reinhardswald eine der engen Treppengassen in die Stadt hinab und sah mich an einem Dachgarten plötzlich von vier freudig herbeistürzenden, kohlschwarzen Wolleknäueln überfallen, die, überglücklich, zu der ungewohnten Stunde eine Menschenseele zu erblicken, ein allerliebstes Gewusel und Getatzel an dem Maschendrahtzaun entfesselten und nichts anderes zu begehren schienen als ein bißchen Zuwendung und Liebgehabtwerden. Wahrscheinlich hatte der liebe alte Oberförster vom Himmel dreingesehen: „Was Richard braucht, ist ein guter Hund", und mich im Auftrag des Allwaltenden so geführt...

Der Welpe mit dem weißen Kinn, dem Stern auf der Brust und den weißgesäumten Hinterpfötchen wurde noch am selben Tage unser Familienmitglied und meine treue Begleiterin auf allen Wegen in Stadt und Land, Feld und Wald über nahezu zwölf Jahre! Sie brachte aus Anlage alles mit, was mein Waldläufer- und Jägerleben all die Zeit entbehrt hatte und fortan tagtäglich bereichern, erfreuen und oft in Erstaunen versetzen sollte. Die Klugheit und Feingesittung brachte sie von ihrem Vater „Silber", dem stolzen Silberpudelrüden von Frau Hasenpusch, mit, die Passion und den Jagdverstand von ihrer Mutter, der Spanielhündin Heidi des Bäckermeisters Herrn Seidler: Standruhe, Bringtreue, Wasserfreudigkeit, Nase, Spurwillen, Feingehör, Fährtensicherheit, Wesens- und Schußfestigkeit, Gehorsam, Vorstehen und Verweisen.

Den endgültigen Namen gab ihr bei unserem Besuch in seinem Ruhestandsheim in Oberstedten/Ts unser Freund und Gönner, Autor des Lehr- und Erinnerungsbuches „Im Westerwald und Taunus", Herr Wildmeister Karl Zorn, von dessen Seite an unserem Platz bei Tisch sie nicht wich und der ihr mit liebevollem Kennerblick vom Fenster

aus nachschaute, wie eifrig und unermüdlich sie mir immer wieder auf der großen Wiese den „verlorenen" Handschuh im Galopp nachbrachte...

Auf einem Nachhauseweg von der Eichendickung, unserem „Saustall", als das letzte Wolkenrot schon in die graublaue Dämmerung des maigrünen Altbuchenraumes überging, stand sie am Grabenrand vor. Igel? Kröte? Blindschleiche? Enttäuscht und fragend wandte sie mir den Kopf zu, weil ich vorüberging. Also wohl doch was Besonderes? Zurückgekehrt, mußte ich mich ganz tief bücken. Was war's, das sich da an die Heidelbeerböschung drückte? Steinmarder? Ein noch grauwolliges Jungfüchslein – Abstand von Hunde- zu Jungfuchsnase eine Handspanne! Niemals sprang Tapsi unaufgefordert ein. Behutsam griff ich ihr in die Halsung. Den Augenblick nutzte das gewitzte Fuchskind, um sich mit einer geschmeidigen Schleichwendung, nicht ohne scheuen „Rückblick", von uns abzusetzen und hopp, hopp im Walddunkel unterzutauchen. Ohne Tapsi wäre ich nichtsahnend daran vorübergegangen!

Ein anderer, dunklerer Abend; windstill, mit Sprühregen endend... Die ersten Häuser waren nicht mehr fern. Der Grobsand der Waldstraße knirschte unter den Sohlen. Was sollte da, bei so geräuschvoller Annäherung, die liebe Treugefährtin noch in die Nase bekommen haben? Denn wieder stand sie am Grabenrand vor. „Komm nur, Meles, Meles (Dachs) es ist ja nichts mehr zu erkennen." Aber sie rührte sich nicht. Acht Schritte über sie hinaus sah ich mich nach ihr um. Zureden half vielleicht. „Danke, Tapsi, danke!" Das kannte sie genau. „Aber komm mit zur Mutti, es regnet schon!" Zögernd gehorchte, lustlos folgte sie mir. So dunkel es war, der betrübten Gestalt mit gesenktem Kopf und eingezogener Fahne sah ich auf regenfeucht schimmernder Straße an, was sie dachte: „Nun habe ich dir etwas Schönes zeigen wollen und du nimmst es mir nicht ab. Ich glaub dir doch immer alles!" Da rührte mich im Weitergehen das Gewissen: Der gute Hund hat immer recht! Solltest ihm doch nachgeben. Liebevoll neigte ich mich zu ihm herab: „Nun, da zeig' mir halt mal!" Freudig führte sie mich die 15 Schritte zurück und verwies. Nichts auszumachen in dem finsteren, mit Fallaub gefüllten, von Buchenaufschlag böschungsbestockten Straßengraben...

Aber, oho! Da meldete sich etwas aus der Tiefe mit protestierendem „Breckekekex", und der verborgene „Nickelmann", dem für seinen ritterlichen Ausfall nur die „engere Wahl" blieb, flitzte aufgrund der mir immer noch anhaftenden Schwarzwildwitterung buchstäblich zwischen meinen Beinen hindurch über die Straße und in den Wildwuchs der Naturverjüngung hanghinunter: ein vierzehn Tage junges Hüpferchen von Frischling, das, ermüdet, den Anschluß an die Mutterfamilie verloren oder aufgegeben hatte, um sich im Laub zu einem stärkenden Nickerchen einzukuscheln.

Der Frischlingsherold „Benjamin" – ohne liebe Hundehilfe – hatte die sieben märchenhaften Segensjahre eingeleitet, der Nachzüglerfrischling „Breckekekex" – mit und dank Tapsi – den endgültigen Schlußpunkt gesetzt. Der Kreis war geschlossen.

*Unser Lieblingsplatz
im Revier unseres Jagdherrn
Dr. med. J. Wartha, Oberviechtach*

Tapsi bewacht ihren jagdverständig „lancierten" Fasan und meine Doppelflinte